MW01715520

MALADIES D'ENFANTS

Aurélia Milan

Illustrations Véronique Estiot

la plage éditeur

Maladies d'enfants de A à Z

Thérapies naturelles

Une collection animée par Estelle Lefèvre
Une approche délibérément « médecines douces » des affections courantes avec des conseils très pratiques, soins à faire soi-même (yoga, massages, huiles essentielles, homéopathie...).

Déjà parus :

- *Problèmes de peau*
Marlène Ambrosiano
- *Maigrir*
Lise Jourdan
- *Jambes lourdes*
Lise Jourdan
- *Allergies*
Lise Jourdan
- *Arthrose*
Hélène Barbier du Vimont
- *Maladies d'enfants*
Aurélia Milan

Pour recevoir notre catalogue, envoyez-nous vos coordonnées :
La Plage - Rue du Parc - 34200 Sète
edition@laplage.fr - **www.laplage.fr**

ISBN 10 : 2-84221-151-0
ISBN 13 : 978-2-84221-151-6
Couverture : Pascal Plottier
Photographie couverture : © Juliette Antoine/Orédia
Dessins : © Véronique Estiot/Orédia

Maladies d'enfants de A à Z

Remerciements

L'auteur remercie pour leur précieuse collaboration :

- Jérôme Dormois, homéopathe, naturopathe diplômé, membre de l'Ordre des Professionnels Canadiens Naturopathes,
- Roselyne Lalauze-Pol, qui, après avoir été kinésithérapeute pendant une dizaine d'années, se consacre depuis 25 ans exclusivement à l'exercice de l'ostéopathie,
- le docteur Daniel Deroc, médecin généraliste orientation acupuncture,
- ainsi que le docteur Marie-Claude Bernard, médecin généraliste orientation acupuncture, et Rémy Vesse, ostéopathe.

Avertissement

Cet ouvrage se veut un guide pratique et familial destiné à traiter par le biais des médecines naturelles les maladies les plus fréquentes de la petite enfance. Malgré toute l'expérience des praticiens ayant contribué à sa rédaction, les informations données ne peuvent en aucun cas se substituer à un avis médical. En ce qui concerne l'automédication par l'homéopathie, la phytothérapie, l'aromathérapie... des résultats doivent être obtenus dès les premières 24 heures. A défaut, ou devant une aggravation des symptômes, il vous faut impérativement consulter un médecin.

Les médecines naturelles et l'enfant

Reflux, otite, rhinopharyngite, troubles du sommeil, énurésie... tous ces maux fréquents au cours de la petite enfance peuvent être traités de façon efficace par les médecines naturelles, donnant même parfois de meilleurs résultats que chez l'adulte. L'organisme de l'enfant encore peu mis en contact avec les médicaments de synthèse est souvent plus réceptif et met en place plus rapidement des systèmes d'auto-défense. Le soigner dès le plus jeune âge et ce, autant que possible avec les médecines naturelles renforce son terrain et prépare son organisme à se défendre seul contre les agressions microbiennes. En développant ses capacités d'auto-guérison, il optimise son capital santé à long terme.

L'homéopathie et l'enfant

L'homéopathie est particulièrement bien adaptée aux enfants. Peu d'entre eux rechignent en effet à avaler « les petits bonbons blancs ». Et l'absence de contre-indication, tout comme l'absence d'effet secondaire, restent des critères de choix primordiaux quand on est parent. Sans oublier que les remèdes homéopathiques sont peu onéreux, pratiques à transporter et à utiliser. Autre intérêt et qui n'est pas le moindre : l'homéopathie est avant tout une médecine de terrain, qui va respecter tant la nature physique et biologique de l'enfant que ses rythmes. Elle ne prend donc pas tant en compte la maladie elle-même que l'ensemble des caractéristiques de la personne souffrante. C'est pourquoi pour une même pathologie il peut y avoir une dizaine de traitements différents. Avec un tel éventail, le praticien est plus à même de cerner au mieux les besoins de son jeune patient. Rappelons que les remèdes indiqués dans cet ouvrage sont donnés à titre indicatif. Qu'il s'agisse de maladies chroniques telles que l'eczéma ou l'asthme ou des épisodes infectieux ponctuels tels qu'une otite ou une angine, il est bon de consulter un homéopathe qui pourra adapter encore plus précisément le traitement.

En pratique

- Sauf indication contraire, la posologie est la même pour tous les âges.

- Un nourrisson peut tout à fait prendre les granules directement dans sa bouche, sans qu'il n'y ait de risque d'étouffement ou de fausse route. Toutefois, si le vôtre les accepte mal, vous pouvez diluer la posologie indiquée dans un peu d'eau et lui donner son traitement dans un biberon ou à la cuillère.

- Privilégier les médecines douces ne signifie pas pour autant refuser toute aide de la médecine dite allopathique. Homéopathie et médecine traditionnelle fonctionnent d'ailleurs très bien en symbiose.

L'acupuncture et l'enfant

L'acupuncture donne de bons résultats sur la plupart des maladies pédiatriques. Toutefois, chez un enfant, le risque de complications brutales et souvent graves existe toujours, et ce même pour des pathologies d'apparence très banales : une diarrhée peut être à l'origine d'une déshydratation, la fièvre peut provoquer des convulsions... C'est pourquoi il vaut toujours mieux vous adresser à un acupuncteur doublement diplômé : diplômé en médecine et diplômé en acupuncture.

En pratique

• Votre acupuncteur va adapter sa technique à l'âge de son jeune patient. S'agissant d'un tout-petit, il utilisera des aiguilles semi permanentes qui ne sont pas plus grandes qu'une punaise. Il les recouvrera d'un sparadrap, afin qu'elles ne bougent pas, et les laissera en place 10 minutes. Pour les plus grands, il utilisera des aiguilles chinoises plus fines que celles des adultes, piquera la peau de manière plus superficielle et ne manipulera pas les aiguilles une fois qu'elles seront en place. Enfin, il piquera moins de points que pour un adulte et choisira les points les moins douloureux possibles.

• Malgré toutes ces précautions, certains enfants restent extrêmement récalcitrants. Rassurez-vous, jamais un acupuncteur ne les piquera de force. Il prendra le temps de bavarder avec eux et si rien n'y fait, les orientera vers un confrère homéopathe.

• La première fois, évitez de dire à votre enfant qu'on va lui poser des aiguilles. Il risquerait d'élaborer des scénarios extrêmement angoissants jusqu'à la date du rendez-vous.

• Certains points d'acupuncture peuvent être stimulés à la maison, notamment ceux qui agissent sur les vomissements, le sommeil, les maux de ventre, les céphalées... Demandez à votre médecin de vous préciser leur emplacement au cours d'une consultation. Vous pourrez ainsi reproduire le geste avec votre doigt ou une « pointe mousse » type stylo à bille usagé.

L'ostéopathie et l'enfant

Alors que la médecine allopathique traite la symptomatologie de la maladie, la médecine ostéopathique s'intéresse elle à l'origine de la dysfonction liée à la pathologie. C'est pourquoi l'ostéopathe va chercher par la thérapie manuelle à rendre une bonne mobilité aux zones concernées par une ou plusieurs dysfonctions (zones articulaires, musculaires, viscérales, crâniennes). Par ailleurs, il faut noter qu'un certain nombre d'autres maladies et d'autres troubles de l'enfance pouvant bénéficier d'une prise en charge par l'ostéopathe n'ont pas été abordés ici.
C'est le cas par exemple des troubles de l'attention, de la dyslexie, des retards de croissance, de certaines hyperactivités, du strabisme, des testicules non descendus, des troubles ortho-dentaires, des luxations congénitales de la hanche, mais aussi de pathologies plus sévères telles que l'infirmité motrice d'origine cérébrale (I.M.O.C).

En pratique

• Généralement, un ostéopathe formé en néonatalogie va obtenir des résultats en une à trois séances espacées d'au minimum trois semaines. Pour les cas les plus sévères, le nombre de séances ne dépassera jamais cinq à six au cours de la première année, suivies d'au maximum trois séances les années qui suivent. Lorsque la thérapie manuelle ne donne absolument aucun résultat au bout de trois séances, c'est signe qu'il vaut mieux se tourner vers un autre traitement.

• Il est important de vous conformer aux conseils de votre ostéopathe quand à la position à faire adopter à votre nourrisson lors du portage ou du couchage ou encore aux exercices à faire faire aux plus grands. Une bonne observance permet dans la plupart des cas d'éviter les récidives.

• Ne soyez pas surpris si le praticien est amené à faire un toucher rectal à votre nourrisson. Cet examen est nécessaire quand ce dernier a subi des contraintes au niveau des fesses (sacrum et coccyx). C'est par exemple le cas lorsque la grossesse a été marquée par des menaces d'accouchement prématuré, lorsque l'accouchement a été particulièrement long ou encore lorsqu'un bébé est constipé ou souffre des coliques. Rassurez-vous, ce geste n'est jamais plus douloureux que l'introduction d'un suppositoire.

Angine

A la fois inflammation et infection des amygdales et du voile du palais, l'angine se traduit le plus généralement chez le tout-petit par une forte fièvre (39°-40°) et un refus de s'alimenter. Les plus grands eux se plaignent d'avoir mal à la gorge, surtout lorsqu'ils mangent, et peuvent également avoir mal à la tête. Vous-même pouvez constater que le fond de leur gorge est blanc ou rouge et sentir des ganglions dans leur cou.

• Homéopathie

La posologie est de 3 granules toutes les heures.

Belladona 9 CH : la gorge est rouge vif. Les douleurs sont aggravées à la palpation du cou et à l'exposition au froid.

Apis Mellifica 9 CH : la gorge est rosée. Les douleurs s'apparentent à des picotements, elles sont améliorées par la prise de boissons fraîches.

Capsicum 9 CH : les douleurs sont améliorées par la prise de boissons chaudes.

Phytolacca 9 CH : l'enfant a l'impression d'avoir la gorge sèche. Les douleurs irradient aux oreilles sans qu'il y ait forcément d'otite.

Mercurius Solubilis 9 CH : les amygdales sont rouges avec des points blancs. La langue garde l'empreinte des dents. L'enfant transpire beaucoup la nuit.

Lycopodium 9 CH : la douleur débute à droite avant de passer à gauche.

Lachesis 9 CH : la douleur débute à gauche avant de passer à droite.
Mercurius Bi-iodatus 9 CH : la douleur reste localisée à gauche.
Mercurius Proto-iodatus 9 CH : la douleur reste localisée à droite.

La propolis, antibiotique naturel

De nombreuses études ont montré que ce produit issu de la ruche avait une action antibactérienne et anti-inflammatoire sur les voies respiratoires. Elle s'utilise pure à raison d'un gramme par jour ou en extrait sous forme de sirop ou de gommes.

Si toutefois l'état du petit malade ne s'améliore pas dans les 24 à 48 heures, il ne faut pas hésiter à consulter un médecin. Un antibiotique plus puissant peut être nécessaire, notamment s'il s'agit d'une angine bactérienne qui, mal traitée, peut entraîner de graves complications (cardiaques, rénales, neurologiques...). Pour s'assurer de l'origine des maux de gorge, le médecin peut pratiquer un TDR. Ce petit prélèvement fiable et indolore se fait sur les amygdales à l'aide d'une bandelette et permet de savoir en quelques minutes s'il s'agit d'une angine virale ou bactérienne. Et donc de déterminer si les antibiotiques sont ou non nécessaires.

Angine

• Phytothérapie

Teinture mère de Calendula : mettre 50 gouttes dans un verre d'eau tiède et lui faire faire des gargarismes matin, midi et soir.

Infusion de feuilles de Ronce ou de Noyer : mettre deux poignées dans un litre d'eau, laisser infuser 10 minutes et lui faire faire des gargarismes matin, midi et soir.

• Aromathérapie

Pour réduire l'inflammation des ganglions, appliquer de l'**huile essentielle de Carotte ou de Bouleau** préalablement diluée à 50% dans de l'huile de noisette.

• Cataplasme

Froisser des **feuilles de chou** entre les mains puis les étendre bien à plat. Poser de l'**argile** au centre et appliquer l'emplâtre directement sur la zone douloureuse pendant une heure. Renouveler les applications toutes les deux heures puis les espacer au fur et à mesure que les symptômes s'atténuent.

Anxiété

Troubles du sommeil, maux de ventre, constipation, perte d'appétit, migraine, pipi au lit... autant de troubles qui peuvent traduire une certaine anxiété chez les enfants. Le plus souvent passagère car liée à l'arrivée d'un petit frère ou d'une petite soeur, à un déménagement, à une rentrée au CP... cette anxiété va trouver une réponse dans le dialogue, la tendresse et les médecines douces. Si les causes sont plus profondes ou ne vous paraissent pas très claires, n'hésitez pas à faire appel à un pédopsychiatre.

• Homéopathie

La posologie est de 3 granules 4 fois par jour.

Nux Vomica 15 CH : l'enfant se montre irritable, agressif, il ne supporte pas les contradictions.. Il a l'impression d'avoir une boule dans le ventre et se sent souvent nauséeux.

Ignatia 15 CH : son humeur est changeante : il est très sensible aux contrariétés mais on le distrait facilement.

Gelsemium 15 CH : il est hypertendu. Son anxiété se traduit par des tremblements et il perd facilement ses moyens.

Arsenicum Album 15 CH : volontiers pessimiste, il se montre méticuleux, exigeant et ordonné.

Aurum Muriaticum 15 CH : l'enfant a une tendance dépressive, il fait des insomnies et parfois de violentes colères.

Pulsatilla 15 CH : il a constamment besoin d'être consolé.

• Phytothérapie

Teinture mère de Passiflore : son anxiété se traduit par une agitation à la fois physique et morale. Lui faire prendre 25 gouttes dans un demi verre d'eau 3 fois par jour.

Teinture mère de Valériane : il a accumulé une grande fatigue nerveuse. Lui faire prendre 25 gouttes dans un demi-verre d'eau 3 fois par jour.

Teinture mère d'Escholtzia : il éprouve des difficultés à s'endormir. Lui faire prendre 40 gouttes dans un demi-verre d'eau au coucher.

Infusion de Mélilot et de Mélisse : mettre une poignée de chaque dans un litre d'eau, laisser infuser 10 minutes et faire boire une tasse 3 fois par jour.

Massage des pieds "détente"

• Masser les pieds a un effet relaxant, car ils sont extrêmement riches en terminaisons nerveuses. Réchauffez d'abord vos mains et enduisez–les d'huile de macadamia ou d'amande douce parfumée de quelques gouttes d'huile essentielle de lavande ou de mandarine.

• Faites glisser un pouce après l'autre sur la plante du pied, du talon vers les orteils, puis massez chaque orteil. Massez doucement le talon, puis toute la plante du pied avec les deux pouces. N'oubliez pas le dessus du pied et les chevilles. Finir par un enveloppement du pied en entier avec les deux mains.

Un auto-massage apaisant

Les petits chinois pratiquent tous les jours cet art du Qi Gong

- On commence par se masser le front puis le cuir chevelu avec toute la surface de la main.
- On caresse ensuite ses yeux en insistant sur le pourtour de la paupière supérieure et celui de la paupière inférieure.
- On se frotte le nez de la racine à la pointe, puis les oreilles.

- On essuie sa bouche dans tous les sens, de haut en bas et de gauche à droite.
- On frotte le bas du dos avec les poings placés sur les reins.
- On place les mains à plat sur le bas ventre et on masse alternativement avec l'une et l'autre main.

- Pour finir on frictionne tout le corps par dessus les vêtements avec un mouvement de balayage, sans oublier les bras face interne et externe.

Aphtes

Isolées ou multiples, ces ulcérations superficielles blanchâtres de quelques millimètres entourées d'un liseré rouge sont extrêmement douloureuses mais parfaitement bénignes. Pouvant siéger sur les lèvres, la langue, la face interne des joues ou les gencives, elles persistent rarement plus de 2 semaines et disparaissent sans laisser de cicatrice. En cause ? Le plus souvent une maladie virale bénigne ou une certaine sensibilité aux aliments riches en histamine (chocolat, roquefort, gruyère, thon ou sardines en conserves...).

• Homéopathie

La posologie est de 3 granules 4 fois par jour.

Eupatorium Aromaticum 5 CH : les aphtes apparaissent lors de troubles digestifs, notamment de vomissements.

Sulfuricum Acidum 5 CH : les douleurs, brûlantes, sont aggravées au contact de boissons froides. L'haleine de l'enfant est fétide et la lésion laisse exsuder un liquide jaunâtre.

Nitricum Acidum 5 CH : la douleur est piquante, les aphtes sanguinolentes.

Borax 5 CH : les douleurs sont aggravées au contact, y compris de celui des aliments.

• Phytothérapie

Teinture Mère de plantago : faire des applications locales plusieurs fois par jour.
Le jus de guimauve : presser un carré de guimauve et appliquer le jus extrait sur les lésions plusieurs fois par jour.
Décoction de sauge : préparer un bain de bouche en faisant infuser 20 g de sauge pour un litre d'eau.

• L'argile

En bains de bouche pour assainir et activer la cicatrisation. Diluez une cuillerée à café dans un petit verre d'eau. Laisser agir 2-3 minutes dans la bouche. Recommencez jusqu'à épuisement de l'eau et renouvelez 3 fois dans la journée.

Qu'il mange ce qu'il veut !

Oui, pour une fois, l'enfant sait par instinct ce qu'il pourra avaler. En effet, les lésions, bien que bénignes, peuvent s'avérer si douloureuses qu'elles empêchent parfois l'enfant de parler ou de s'alimenter correctement. Généralement, tout ce qui est froid, glaces, yaourts et compote de pommes fraîches passent bien. En revanche, chocolat, gruyère, chips, cornichons, fraises, noix... sont susceptibles d'agresser encore un peu plus sa muqueuse.

Asthme

Il est important de diagnostiquer au plus tôt cette maladie afin de pouvoir mettre en place les traitements les mieux adaptés et ainsi éviter une chronicité et une aggravation des symptômes. Ainsi, si votre enfant a parfois une respiration sifflante, s'il tousse ou éprouve une gêne respiratoire après un effort, s'il a des accès de toux, notamment la nuit, il est important de consulter. Dès 3-4 ans, il est possible de confirmer le diagnostic par des épreuves fonctionnelles respiratoires qui permettront d'identifier une éventuelle hyperréactivité bronchique.

• Homéopathie

Chez le nourrisson

Chamomilla 5 CH et **Sambucus Nigra 4 CH** : lui donner 2 granules dans un peu d'eau 2 fois par jour en alternance dans la journée avec **Ipeca 4 CH** et **Belladona 4 CH**.

Antimonium Tartaricum 4 CH : en cas d'accumulation de mucus dans les bronches rendant la respiration difficile, lui donner également 2 granules 4 fois par jour diluées dans un biberon.

Chez l'enfant

Lobelia 5 CH : lui donner dans tous les cas 2 granules toutes les heures voire tous les quart-d'heures sur 12 à 24 heures.

Aconitum Ferox 5 CH : si l'enfant est anxieux et agité, lui donner également 2 granules toutes les 2 heures.

Arsenicum Album 5 CH : si l'enfant est agité et anxieux, son visage pâle et qu'il a des sueurs froides, lui donner 2 granules le matin, 2 vers 18 h et 2 dans la nuit.
Kalium Carbonicum 5 CH : si son asthme l'oblige à s'asseoir dans son lit, lui donner 2 granules 4 fois par jour.
Bryonia Alba 5 CH : s'il souffre d'un point de côté au niveau de sa cage thoracique aggravé par le mouvement, lui donner 4 fois 2 granules sur 24 heures.

• Phytothérapie

En traitement de fond sur une année
Teinture mère en extrait fluide de **Stachys Sylvatica** et d'**Euphorbia Hirta** : lui faire boire 25 gouttes de chaque dans un demi verre d'eau un quart-d'heure avant les deux principaux repas et ce 6 jours sur 7.
En période de crise
Huile essentielle de Pinus Sylvestris et d'**Eucalyptus** : à diffuser dans sa chambre.

• Acupuncture

L'acupuncture donne de bons résultats sur les asthmes acquis qui sont en général des complications de rhino bronchites à répétition. Sur les asthmes apparus très tôt dans la vie et ayant un caractère héréditaire, le traitement est difficile mais reste envisageable.

• Ostéopathie

L'ostéopathie peut aider à la prise en charge de certains types d'asthme (non héréditaire, non allergique) par son action neuro-végétative sur la motricité bronchique, notamment à la suite d'une chute plus ou moins récente.
Voir également le chapitre sur la toux.

• Diététique

Certains aliments peuvent être à l'origine des crises. Testez-les et éliminez-les du régime alimentaire. Les aliments les plus incriminés sont le lait, les noix et les fruits de mer. De même que certains additifs chimiques. D'où l'intérêt de préférer les aliments bio. En revanche, votre enfant peut consommer sans modération des fruits frais et des légumes verts. Selon une étude, ces produits améliorent la capacité respiratoire. Veillez également à ce qu'il ne manque pas de vitamine B6 : elle serait bénéfique en cas d'asthme. On la trouve naturellement dans les lentilles, les pommes de terre, les germes de blé, les céréales complètes, le poisson et la viande.

NB : Les remèdes proposés sont à donner en attendant l'avis du médecin ou comme complément thérapeutique. Ils ne peuvent en aucun cas se substituer à un traitement par corticoïde si celui-ci s'avérait nécessaire.

Limiter les facteurs favorisants, c'est possible

Veillez à ce que l'environnement de votre enfant soit le plus sain possible : protégez-le de tout tabagisme passif et surveillez les pics de pollution.

Un facteur allergique étant présent chez près de 9 enfants sur 10, diminuez tant que possible la présence d'allergènes : supprimer moquettes, tapis et tentures murales et empêcher les animaux de compagnie de rentrer dans sa chambre.

Utilisez des housses anti-acariens, faites les poussières avec un linge humidifié et surtout, aérez tous les jours, même en plein hiver, de préférence tôt le matin. C'est le seul moyen de tuer les acariens.

Par ailleurs, l'alimentation joue un rôle primordial dans la prévention de l'allergie. Ainsi, de nombreuses études ont montré qu'un allaitement au sein exclusif durant au moins les 4 premiers mois ainsi qu'une diversification tardive (pas d'aliments solides avant six mois, pas d'œuf avant 12 mois) permettaient de réduire le risque d'apparition de l'asthme.

Dernière précaution : prévenir et traiter rapidement les infections respiratoires virales précoces, notamment les bronchiolites, qui font le lit de l'asthme.

Brûlures

Après les chutes, les brûlures arrivent en second sur la liste des dangers qui guettent les jeunes enfants.

• Homéopathie

Belladona 9 CH : la brûlure est rouge, enflée, congestive. La douleur pulse et s'aggrave à l'air froid. Lui donner 3 granules toutes les demi-heures.

Arsenicum Album 9 CH : la brûlure rouge-vif est enflée, la douleur améliorée au chaud. Lui donner 3 granules toutes les demi-heures pendant 24 heures avant de passer à 3 granules 4 fois par jour.

Cantharis 9 CH : congestive, rouge et enflée, la brûlure présente des vésicules remplies d'un liquide séreux irritant. La douleur est aggravée au toucher. Lui donner 3 granules toutes les demi-heures.

Uniquement en complément médical :

La posologie est de 3 granules 5 fois par jour.

Kalium Bichromicum 9 CH : la plaie est profonde, les chairs ont été creusées par la brûlure. Les bords de l'ulcération sont bien délimités et la lésion n'est pas douloureuse.

Kreosotum 9 CH : la plaie est creusée, elle a tendance à s'infecter et elle est douloureuse, mais uniquement dans la journée.

Calendula 5 CH : la brûlure suppure.

Pour accélérer la cicatrisation :
Silicea 5 CH : à compter du 7ème jour après la brûlure, lui donner 3 granules 3 fois par jour pendant 10 à 15 jours.

Après un coup de soleil :
Apis Mellifica 9 CH : la plaie est bien rouge et légèrement enflée. La douleur est améliorée par l'application d'une compresse froide. Lui donner 3 granules toutes les demi-heures.
Urtica Urens 9 CH : la plaie est rouge mais il n'y a pas d'enflure. La douleur est aggravée au toucher mais améliorée par la chaleur. Lui donner 3 granules toutes les demi-heures.

• Phytothérapie

Si au bout de 24 à 48 heures, la plaie évolue bien, appliquer « **l'huile de la Saint-Jean** », un macérat huileux apaisant et cicatrisant, qui va apporter un confort immédiat : faites préparer par votre pharmacien un macérat huileux de fleurs de millepertuis filtré. Imbibez-en une gaze et maintenez-la sur la plaie avec un bandage tout le temps de la cicatrisation. Renouvelez régulièrement le pansement et empêchez l'enfant de s'exposer au soleil avec ce macérat, il est photosensibilisant.

Conjonctivite

Très fréquente chez les enfants, cette inflammation de la membrane qui tapisse l'œil et la face interne des paupières peut avoir des causes très diverses : infection virale, microbienne, allergie, présence d'un corps étranger... Les symptômes ? Ils sont eux aussi multiples : douleurs, yeux qui larmoient, blanc de l'œil qui se teinte de rouge, paupières qui gonflent, pus... Dans tous les cas, il est important de consulter un médecin.

• Homéopathie

La posologie est de 3 granules 5 fois par jour. Normalement, les symptômes doivent s'améliorer au bout de 24 h.

Argentum Nitricum 9 CH : l'œil présente une forte rougeur et un écoulement purulent jaune verdâtre peu irritant. Les paupières sont enflées. Les symptômes sont améliorés par le grand air.
Hepar Sulfur 9 CH : l'œil présente une forte rougeur et un écoulement purulent. La douleur est aggravée au toucher et par les courants d'air.
Mercurius Corrosivus 9 CH : l'œil présente une forte rougeur et un écoulement très purulent. Importantes brûlures aggravées la nuit et par la lumière artificielle.
Pulsatilla 9 CH : l'œil présente une forte rougeur et un écoulement purulent épais non irritant. Les

paupières sont rouges et collées le matin au réveil avec un besoin constant de se frotter les yeux pour y voir mieux.

Guarea 9 CH : la conjonctivite est survenue après un traumatisme oculaire, un courant d'air ou une rhino-pharyngite.

Chamomilla 9 CH : l'œil présente une forte rougeur et une forte gêne ainsi qu'un larmoiement. Les troubles interviennent notamment chez les nourrissons en période de dentition.

Euphrasia 9 CH : l'œil présente une forte rougeur ainsi qu'un larmoiement abondant et irritant. Les symptômes sont aggravés à la chaleur.

Croton 9 CH : l'œil présente une forte rougeur mais pas de larmoiement. La gêne est aggravée au toucher et s'étend de l'œil à l'orbite.

Belladona 9 CH : l'œil présente une forte rougeur et une gêne mais pas de larmoiement. Les symptômes sont aggravés à la lumière et à l'air frais.

Apis Mellifica 9 CH : les yeux sont gonflés, la rougeur modérée. Les symptômes sont améliorés par des applications de compresses fraîches.

• Ostéopathie

L'ostéopathie peut aider à la prise en charge de certaines conjonctivites en agissant directement sur les os de la face, notamment dans le cas d'un canal lacrymal "bouché" dans les premiers mois de vie, ou à la suite d'un choc ou d'une chute sur la face.

• Phytothérapie

Infusion de fleurs de violette ou de **camomille romaine** : mettre 20 grammes dans un litre d'eau, laisser infuser 10 minutes et imbiber des compresses stériles afin de faire des cataplasmes que l'on posera sur l'œil une dizaine de minutes 3 fois par jour.

Constipation

Plus que la fréquence des selles, c'est surtout leur aspect (dures, en forme de petites billes) et la douleur lors de leur émission qui évoquent ce trouble relativement fréquent durant l'enfance.

• Homéopathie

La posologie est de 3 granules 3 fois par jour.

Opium 5 CH : les selles sont molles mais nécessitent de gros efforts d'expulsion.

Alumina 5 CH : l'enfant est timide et ses selles sont molles.

Anacardium 5 CH : l'enfant a un fort appétit.

Sanicula 5 CH : les selles sont volumineuses, sèches et douloureuses à évacuer.

Lycopodium 5 CH : l'enfant pleure aux premiers efforts d'expulsion.

Plumbum 5 CH : les selles s'apparentent à des petites billes dures.

• Ostéopathie

L'ostéopathie peut aider à la prise en charge de la constipation chronique ou récente par son action sur la statique corporelle et l'enceinte abdominale. Elle va également agir sur l'encoprésie, un trouble relativement fréquent se traduisant par un slip souillé en fin de journée, l'enfant se retenant à l'école d'aller aux toilettes.

Constipation

• Digitopuncture

Pour régulariser le transit, pratiquer une à deux par fois par jour une centaine de rotations en appuyant comme avec un tournevis sur un point situé à un travers de doigt et demi sous le nombril et sur la ligne médiane du corps. Puis sur un autre point situé un peu plus bas, à trois travers de doigt sous le nombril.

• Un bon massage du ventre

Après avoir frotté vos mains l'une contre l'autre pour les échauffer, déposez-y quelques gouttes d'huile d'amande douce ou de noisette, et posez-les un moment sur le ventre de l'enfant.
Massez en ramenant vers vous une main après l'autre. Faites ensuite glisser vos mains bien à plat de chaque côté du ventre.
Avec le plat des doigts, massez dans le sens des aiguilles d'une montre. Le massage du ventre stimule le système digestif, aide à réguler le transit et à soulager les gaz et la constipation.

L'alimentation compte mais ce n'est pas tout

Sachez qu'il est normal qu'un bébé nourri au sein émette très peu de selles. Le lait maternel étant particulièrement digeste, il ne laisse pratiquement aucun résidu. Si votre enfant n'a pas de ballonnements et grossit normalement, vous n'avez aucune raison de vous inquiéter.

S'il est nourri au biberon, assurez-vous que son lait est suffisamment dilué (1 cuillerée pour 30 ml d'eau) ou que vous n'ajoutez pas trop de céréales. Ce sont des causes fréquentes de constipation. Pour donner un petit coup de pouce à son transit, n'hésitez pas pendant quelques jours à préparer ses biberons avec un tiers d'eau minérale légèrement laxative (type Hépar).

Pour les enfants plus grands, augmentez leur ration de fruits et de légumes, assurez-vous qu'ils boivent suffisamment et qu'à l'école, ils ne prennent pas la mauvaise habitude de se retenir d'aller à la selle. Car plus souvent qu'on ne le pense, la constipation n'a rien à voir avec l'alimentation : le passage au pot, l'arrivée d'un petit frère, ou des toilettes en collectivité intimidantes, à la crèche ou à l'école, suffisent à expliquer un trouble passager du transit.

Pensez à questionner votre enfant. Souvent, le fait de se confier suffit à désamorcer le problème.

Contusions

Lorsqu'un enfant tombe ou subit un choc, il hurle de douleur. Difficile alors pour les parents d'estimer le traumatisme. Le simple coup entraînant une bosse et un bleu peut être géré seul. En revanche, une prise en charge médicale s'impose lorsqu'il s'agit d'une entorse reconnaissable par le gonflement de l'articulation ou d'une fracture se caractérisant par l'impossibilité de bouger le membre et une douleur intense au niveau de la lésion.

• Homéopathie

Arnica 15 CH : c'est le remède de base des bosses et traumatismes physiques en tout genre. Lui donner d'emblée un tube-dose puis 3 granules 3 fois par jour tant que nécessaire. Appliquer parallèlement une compresse imbibée de **teinture mère d'arnica** ou une noisette de **pommade à l'arnica** sur la contusion 2 à 3 fois par jour.

Rhus Toxicodendron 5 CH : l'ecchymose tarde à se résorber. Les premiers mouvements sont douloureux puis améliorés par l'échauffement. Lui donner 3 granules 4 fois par jour. Ce remède est également valable pour l'entorse.

Ruta Graveolens 5 CH : la contusion ou l'entorse sont très douloureuses. Il y a un très gros hématome. Lui donner 3 granules 4 fois par jour.

Vipera Redi 5 CH : l'articulation doit être immobilisée. On constate une amélioration en surélevant le membre. Lui donner 3 granules 4 fois par jour.

• Phytothérapie

Pommade d'Echinacea en D1 : appliquer plusieurs fois par jour sur les écorchures/brulûres comme celles apparaissant par exemple après une chute de vélo.

• Ostéopathie

L'ostéopathie peut aider à la prise en charge de certains chocs (entorse, foulure...) par son action sur les articulations concernées ou à distance. On assistera ainsi à un rétablissement rapide de la stabilité articulaire ainsi qu'à une diminution importante de l'œdème (enflure locale) et de la douleur. Dans le cas d'une fracture, la prise en charge est dans un premier temps strictement médical. Mais à la sortie d'immobilisation (plâtre, atèle), la séance d'ostéopathie permettra de retrouver une meilleure stabilité. Pour nombre de contusions, l'ostéopathe demandera une radio avant tout traitement. Pour les chocs plus sévères, un choc sur la tête par exemple, il adressera immédiatement son jeune patient vers le service d'urgence le plus proche s'il a été consulté en première intention.

Coqueluche

Transmise par les gouttelettes de salive projetées lors des éternuements et de la toux, la maladie débute comme un banal rhume mais laisse rapidement place à une toux sèche qui s'aggrave au fil des jours. Au bout de 2 semaines, l'enfant peut être pris jusqu'à 30 fois par jour de quintes très violentes se terminant par des crachats de mucosités blanchâtres parfois accompagnées de vomissements.

• Homéopathie

A titre préventif en période d'épidémie :
Pertussinum 7 CH : donner un tube-dose à l'enfant ainsi qu'à son entourage.

Dès les premiers symptômes :
Biotherapique pertussinum 7 CH : lui donner un tude-dose puis 3 granules par jour pendant une semaine. Lui donner également 5 granules de **Sulfur 5 CH** une heure après la prise de **Biotherapique pertussinum**, à condition qu'il ne soit pas fragile de la gorge ou des oreilles.

Ajouter à partir du 3ème jour :
Pulsatilla 5 CH : 3 granules par jour pendant 10 jours.

Pendant la convalescence :
Pulsatilla 5 CH : 3 granules matin et soir pendant 6 semaines.

Mise en garde

• Avant l'âge d'un an, cette maladie constitue une véritable urgence car elle provoque des quintes prolongées qui sont parfois asphyxiantes et qui peuvent déboucher sur des apnées respiratoires accompagnées d'un ralentissement du rythme cardiaque.

• Pour les plus grands, elle est généralement sans gravité mais si elle n'est pas traitée, la coqueluche reste une maladie longue et épuisante. C'est pourquoi les remèdes proposés le sont à titre de complément thérapeutique ou préventif.

• Des traitements homéopathiques et la médecine traditionnelle chinoise peuvent par ailleurs soulager la toux résiduelle.

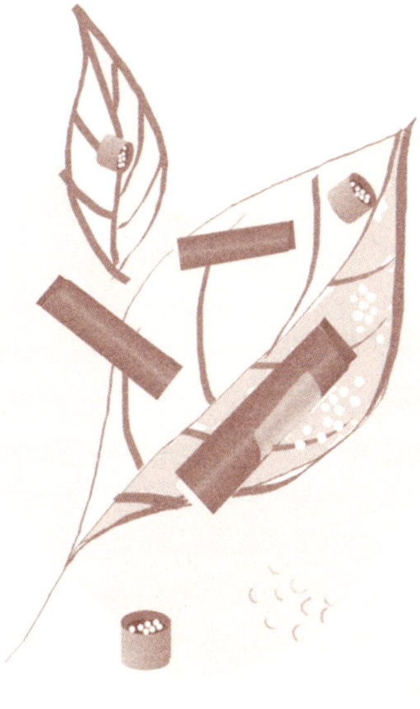

Dartres

Elles se présentent sous forme de petites tâches arrondies, variant du rose pâle au brun, le plus souvent localisées autour de la bouche ou les ailes du nez, plus rarement au niveau des épaules, des bras ou du tronc.

Sur le visage :

• Homéopathie

Arsenicum Album 5 CH : lui donner 5 granules une fois par jour.
Sulfur 5 CH : lui donner 3 granules une fois tous les 2 jours.

• Phytothérapie

Teinture Mère de saponaria : lui donner 10 gouttes dans un demi verre d'eau 2 fois par jour.
Infusion de fumeterre : mettre une poignée dans un litre d'eau, laisser infuser 10 minutes et badigeonner les lésions plusieurs fois par jour.

Sur le cuir chevelu :

• Homéopathie

Arsenicum Album 5 CH - **Petroleum 5 CH** (préparation à faire faire par la pharmacie) : lui donner 3 granules 2 fois par jour les jours pairs puis
Thallium Aceticum 5 CH - **Aurum Metalicum 5 CH** (préparation à faire faire par la pharmacie) : lui donner 3 granules 2 fois par jour les jours impairs.

Diarrhée

La diarrhée ne se caractérise pas par l'émission de selles molles mais par des selles liquides et fréquentes. L'origine peut être une infection digestive virale ou bactérienne, une intolérance alimentaire ou une infection non digestive, comme une otite ou une poussée dentaire.

• Homéopathie

La posologie est de 2 granules 3 à 4 fois par jour.

Pour un nourrisson nourri au sein :

Rheum 7 CH : la diarrhée, irritante, dégage une odeur aigre. L'enfant crie car il souffre de colite. Il est particulièrement agité.

Magnesia carbonica 7 CH : la diarrhée est mousseuse, verdâtre, collante, d'odeur aigrelette.

Calcarea carbonica 7 CH : la diarrhée est jaune, acide et indolore. L'enfant a habituellement tendance à être constipé.

Pour un nourrisson nourri artificiellement :

Croton 7 CH : la diarrhée est jaune, « explosive » et s'accompagne de gargouillements. Elle se produit dès que l'enfant a bu ou mangé.

Sulfur 7 CH : la diarrhée se produit la nuit.

Mercurius Solubilis 7 CH : la diarrhée et l'haleine de l'enfant ont une odeur fétide.

Argentum Nitricum 7 CH : la diarrhée, vert épinard, est mousseuse. Elle se produit immédiatement après que l'enfant ait bu ou mangé.

Diarrhée

Podophyllum 7 CH : la diarrhée, plutôt brune ou jaune, se produit le matin. Elle est abondante, fétide, précédée de gargouillis, et indolore.
Ipeca 7 CH : la diarrhée est verte et fétide. L'enfant s'agite, il se met le poing dans la bouche et a tendance à vomir.
Antimonium crudum 7 CH : la diarrhée est de toute évidence liée à une suralimentation. Elle est aqueuse et accompagnée de vomissements de lait. La langue est chargée d'un enduit blanchâtre.

Les diarrhées sont liées aux poussées dentaires :
Chamomilla 7 CH : la diarrhée est verte, irritante et dégage une odeur d'œufs pourris. Elle rend l'enfant coléreux. L'une de ses joues est rouge. Il se calme quand on le berce dans les bras.
Mercurius Dulcis 7 CH : la diarrhée est verte, peu abondante mais fréquente.
Borax 7 CH : la diarrhée est jaune ou jaune verdâtre. L'enfant pleure dès qu'on le penche vers son berceau.
Magnesia Carbonica 7 CH : la diarrhée est verte et aqueuse, les gaz abondants et fétides.

Pour les enfants plus grands :
Arsenicum Album 5 CH : la diarrhée, abondante, est améliorée à la chaleur. Lui donner 4 granules 3 à 4 fois par jour.
Podophyllum peltatum 5 CH : la diarrhée s'inscrit dans un contexte estival, elle est améliorée par la chaleur et la position sur le ventre. Lui donner 4 granules 3 à 4 fois par jour.

Parathyphoïdinum B 7 CH : la diarrhée est abondante et de toute évidence liée à une intoxication alimentaire. Lui donner 6 granules au tout début de l'épisode diarrhéique puis une fois par jour pendant 3 à 4 jours.

• Des compléments de bactéries

Pour régénérer la flore intestinale de l'enfant, il est bénéfique de lui faire suivre une cure de ferments lactiques. Il peut les consommer sous forme de yaourts enrichis au bifidus ou lactobacilles ou encore sous forme d'ampoules buvables, sachets ou gélules vendus dans les magasins diététiques et les pharmacies.

• Ostéopathie

L'ostéopathie peut aider à la prise en charge de certaines diarrhées chroniques par son action sur le système neurovégétatif et l'enceinte abdominale. Mais la séance d'ostéopathie n'aura que peu d'effet sur une diarrhée ponctuelle ayant pour origine une intolérance alimentaire, une indigestion, une infection...

Eczéma

Cette affection cutanée, qui a le plus souvent une composante allergique, est l'une des maladies chroniques les plus fréquentes de la petite enfance. Elle peut débuter dès l'âge de 3 mois : la peau, extrêmement sèche, se met à desquamer et des rougeurs intenses apparaissent sur les pommettes et aux plis de flexion des membres (coudes, genoux, aisselles, derrière les oreilles...). Couvertes d'une multitude de petites vésicules suintantes, ces plaques provoquent des démangeaisons intenses.

Eczéma sec (squameux ou non)

• Homéopathie

Petroleum 5 CH - Arsenicum Album 5 CH (préparation à faire faire par la pharmacie) : lui donner 3 granules 3 fois par jour pendant 15 jours les jours pairs.
Berberis 4 CH - Sulfur 4 CH (préparation à faire faire par la pharmacie) : lui donner 3 granules 3 fois par jour pendant 15 jours les jours impairs.

• Gemmothérapie

Cedrus Libani bourgeon macerat glycerine D1 : lui donner 25 gouttes 2 fois par jour pendant 15 jours.

Eczéma à fissure

• Homéopathie

Mitricum Acidum 5 CH et **Alumina 5 CH** : l'enfant a la peau sèche. Lui donner 3 granules 3 fois par jour en alternance.

Sanicula 5 CH : l'enfant a la peau grasse. Lui donner 3 granules 3 fois par jour en alternance avec **Psorinum 5 CH**.

Eczéma suintant

• Homéopathie

Antimonium Crudum 5 CH : lui donner 3 granules par jour pendant 15 jours.

Graphites 5 CH : lui donner 3 granules 3 fois par jour en alternance avec **Mezerum 5 CH**.

• Gemmothérapie

Jugulens Regia bourgeon macerat glycerine D1 : lui donner 25 gouttes dans un demi verre d'eau matin et soir.

Eczéma provoquant de fortes démangeaisons

• Homéopathie

Dolichos Pruriens 4 CH : lui donner 3 granules 3 fois par jour pendant 15 jours.

Mezerum 5 CH : lui donner 3 granules une fois par jour pendant 15 jours.

• Des compresses au lait

Pour calmer les démangeaisons, appliquez sur les lésions des compresses imbibées de lait préalablement refroidi avec des glaçons. Laissez agir 2 à 3 minutes puis renouvelez l'opération.

Dans tous les cas

Appliquer **du talc au calendula** sur les lésions plusieurs fois par jour.
Lui donner un bain quotidien en mettant une cuillerée à soupe de **permanganate de potassium** dans l'eau (attention à bien nettoyer la baignoire, la couleur du produit est tenace). Ou mieux un bain dans lequel on a ajouté une infusion faite avec 100 g de paille d'avoine pour un litre d'eau bouillante.
Laver le linge avec **des noix de lavage** plutôt qu'avec de la lessive. De toute façon, oublier les adoucissants et les parfums en tous genres.

• Ostéopathie

L'ostéopathie peut aider à la prise en charge de certains types d'eczéma localisés : voûte crânienne, articulation... Notez que le terrain familial est très important et qu'une prise en charge en parallèle du terrain par un homéopathe ou des soins de dermatologie seront des aides précieuses.

Enrouement et aphonie

La voix est faible ou rauque, l'enfant ne peut émettre aucun son, il se racle la gorge en permanence... l'enrouement n'est pas grave mais il traduit une agression des muqueuses qu'il faut traiter pour éviter la surinfection.

• Homéopathie

La posologie est de 2 granules toutes les 2 heures.

Antimonium Crudum 7 CH : l'aphonie est indolore, elle survient après un « chaud-froid ».

Aconitum Nap 7 CH : la gorge est douloureuse, l'enfant a attrapé froid.

Bronium 7 CH : la gorge est douloureuse, l'enfant a attrapé froid après avoir transpiré.

Arum Triphyllum 9 CH : la gorge est rouge et la voix constamment changeante.

Phosphorum 7 CH : la voix est rauque et les symptômes s'aggravent le soir.

Rhus Toxicodendron 7 CH : la voix s'éclaircit progressivement en parlant.

Argentum Nitricum 9 CH : la gorge est irritée et l'enfant éprouve le besoin de se racler la gorge.

Hepar Sulfur 9 CH : l'enrouement, douloureux, a été provoqué par une exposition aux courants d'air.

Causticum 9 CH : la gorge est extrêmement douloureuse, l'enfant a l'impression que « ça brûle ». Les symptômes sont aggravés le matin.

Enrouement et aphonie

• Homéopathie

Teinture Mère de calendula : mettre 25 gouttes dans un demi-verre d'eau et lui faire faire des gargarismes 2 à 3 fois par jour.

• Aromathérapie

Huile essentielle de **Melaleuca Alternifolia** : faire des onctions si les ganglions du cou ont grossi.

Mise en garde

Chez l'enfant, toute modification récente de la voix qui résisterait aux remèdes proposés ou s'accompagnerait d'autres symptômes (fièvre, toux rauque, gêne respiratoire, sinusite, rhinite...) nécessite un avis médical.

Énurésie

Plus fréquente chez le garçon que chez la fille, elle se retrouve souvent chez les enfants dont la personnalité oscille entre la timidité et l'agressivité. L'énurésie se caractérise par des mictions non contrôlées, de jour comme de nuit après l'âge de 5 ans. Son origine ? Un trouble du sommeil, avec un sommeil profond extrêmement lourd, un trouble du fonctionnement vésical ou un trouble psychologique.

• Homéopathie

Sulfur 15 CH : lui donner un tube-dose tous les 15 jours.
Homéogène 4 S : lui donner 2 comprimés 2 fois par jour.
Equisetum Arvense 5 CH : lui donner 3 granules par jour pendant un mois pour protéger ses reins.
Vessie 4 CH : lui donner 3 granules au coucher tous les 2 jours pour raffermir les parois de sa vessie.

• Oligothérapie

La posologie est d'une ampoule par jour pendant 3 semaines.
Zinc-cuivre *(Oligosol)* : l'enfant manque de tonus.
Manganèse-cuivre *(Oligosol)* : l'enfant est hypertonique.
Manganèse-cobalt *(Oligosol)* : l'enfant est anxieux.

• Ostéopathie

L'ostéopathie peut aider à la prise en charge de l'énurésie par son action sur la statique du bassin et le système neurovégétatif. Les causes psychologiques étant fréquentes, il est parfois nécessaire de faire parallèlement appel à d'autres praticiens.

Mise en garde

Si la plupart des enfants deviennent propres la nuit vers 3-4 ans, jusqu'à 6-7 ans, il n'y a rien d'alarmant à ce qu'un enfant ait des « accidents » plus ou moins fréquents. Le gronder ne servirait à rien. Bien souvent, la reprise des pipis au lit correspond à un évènement qu'il a du mal à vivre : l'arrivée d'un petit frère, un déménagement... Dialogue et patience sont alors la clé. Bien entendu, des troubles qui durent au-delà de 6-7 ans nécessitent un avis médical, notamment pour s'assurer qu'ils ne sont pas dus à une malformation de l'arbre urinaire.
Voir Anxiété.

Érythème fessier

Une hygiène insuffisante ou mal adaptée peut entretenir le phénomène mais une diarrhée, une poussée dentaire ou une infection ORL peuvent également être en cause.

• Homéopathie

La posologie est de 2 granules 3 fois par jour.
Médorrhinum 7 CH : on obtient dans tous les cas un soulagement rapide.
Lycopodium 7 CH : l'enfant est constipé.
Sepia 7 CH : ses urines ont une odeur très forte.
Silicea 7 CH : l'enfant est frileux et transpire.

• De l'huile d'olive

En Provence, les mamans ont l'habitude, depuis des générations, de prévenir l'érythème fessier en nettoyant les fesses de leurs bébés avec du liniment oléocalcaire, **un mélange d'huile d'olive et de chaux (ou d'hydroxyde de calcium)**. Pour le préparer, ajouter 125 ml d'eau de chaux à 125 ml d'huile d'olive de première pression à froid et bio. Pour mieux conserver le produit, ajouter 5 ml d'huile de germe de blé et 2 à 5 gouttes d'huile essentielle de lavande pour ses vertus cicatrisantes.

Changez ses couches toutes les 2 heures et laissez-lui les fesses à l'air libre le plus souvent possible. L'utilisation de couches lavables en coton bio est une bonne alternative.

Fièvre

Rappelons d'abord que la fièvre est souvent utile à la guérison de la maladie. Il ne faut pas vouloir à tout prix ramener la température corporelle à 37°C. De façon générale, il est raisonnable de la faire descendre au dessous de 38,5°C en tenant compte des réactions de l'enfant. Certains la supportent mal, même à 38°C. Les remèdes proposés entendent ici traiter une fièvre dite modérée, c'est-à-dire ne dépassant pas 38,5°. Si la fièvre ne diminue pas au bout de 24 heures, si elle s'aggrave brutalement ou s'accompagne d'autres symptômes (vomissements, maux de ventre, maux de tête...), il est impératif de consulter un médecin.

• Homéopathie

La posologie est de 2 granules toutes les 2 heures.

Aconitum 4 CH : la fièvre apparaît brusquement après une exposition au froid. L'enfant est agité, anxieux et sa peau est sèche.
Belladona 4 CH : l'enfant transpire, son pouls est rapide, son visage rouge. Il se plaint de « battements dans la tête » et ne supporte pas la lumière.
Ferrum Phosphoricum 4 CH : l'enfant est pâle, il alterne les épisodes d'agitation et d'abattement.
Gelsemium 5 CH : l'enfant tremble, somnole, transpire abondamment. Il ne réclame pas à boire. Son pouls est mou et lent, il a des frissons au niveau de la colonne vertébrale.

Bryonia Alba 5 CH : la fièvre survient après que l'enfant ait eu les pieds mouillés ou se soit refroidi en saison chaude. Il a très soif et refuse de bouger. Sa sueur est huileuse.
Rhus Toxicodendron 5 CH : la fièvre survient après un bain froid ou une exposition à la pluie. L'enfant se plaint de douleurs musculaires qui s'aggravent vers 19 heures.
Eupatorium Perfoliatum 4 CH : l'enfant a très soif et il souffre de courbatures généralisées. La fièvre évoque un état grippal et s'aggrave entre 7h et 9h du matin.
Arsenicum Album 5 CH : l'enfant, prostré et anxieux, a très soif. Il transpire beaucoup, ses sueurs sont froides et visqueuses. Il souffre d'insomnie vers 1h du matin et sa fièvre s'élève à partir de 13 heures.

• Phythotérapie

Infusion de tilleul : mettre une poignée dans un litre d'eau, laisser infuser 10 minutes et lui en faire boire 3 tasses par jour.

Les bons réflexes

Pour accélérer la disparition de la fièvre, découvrez votre enfant, faites-le boire abondamment et donnez-lui un bain à 2° de moins que sa température corporelle pendant 5 minutes. Placer des gants remplis de glaçons sur les tempes et l'aine permet de diminuer rapidement la température corporelle.

Grippe

Montée rapide de la température à 39°C-40°C, frissons, maux de tête, courbatures, troubles digestifs... l'association de tous ces signes peut traduire une grippe, qui est toujours virale.

• Homéopathie

Nous traitons ici la grippe sans complications ni fièvre élevée. Si les symptômes s'amplifient au cours des premières 48 heures, il est indispensable de consulter votre médecin. Attention notamment à la gravité d'éventuelles complications respiratoires chez le tout-petit.

En prévention
Influenzinum 9 CH : lui donner 5 granules tous les 15 jours du mois d'octobre au mois de février.
Dès les premiers symptômes
Oscillococcinum : lui donner un tube-dose suivi le lendemain par 5 granules d'**Influenzinum 5 CH**.

Si la grippe est installée
La posologie est de 2 granules 5 fois par jour pendant 9 jours.
Gelsenium 9 CH : l'enfant frissonne, tremble, il souffre de courbatures, il est « assommé ». Il n'a pas soif et ne supporte pas la chaleur. La grippe survient surtout lorsque la température redevient douce et humide après une période de froid.
Eupatorium perfoliatum 9 CH : l'enfant a des fris-

sons dans le bas du dos, ses muscles et ses yeux sont endoloris, il a mal à la tête. Il s'agite constamment pour trouver une position confortable.

Rhus Toxicodendron 9 CH : l'enfant frissonne dès qu'on le découvre. L'endolorissement général est soulagé par le changement de position. Il transpire au niveau du corps et a soif d'eau froide. On peut voir un triangle rouge apparaître à la pointe de sa langue.

Bryona Alba 9 CH : l'enfant a des vertiges au moindre mouvement. Il a soif et sa sueur est huileuse. Il se plaint de courbatures au niveau de tout le squelette et son front est douloureux.

Les aliments anti-infectieux

• Pour renforcer l'action des médicaments homéopathiques, faites la part belle aux aliments riches en vitamine C, comme les oranges en jus, les épinards, le persil ou le chou vert en purée, le kiwi ou le cassis en jus ou en compote.

• Quelques paillettes d'algues sur les légumes verts, du riz complet, des fruits secs ou des amandes dans le yaourt constituent par ailleurs de bonnes sources en cuivre également reconnu pour ses vertus anti-infectieuse.

• Relever les plats de thym et de cannelle est aussi bénéfique, comme d'éviter les aliments trop gras et les laitages qui ralentissent l'élimination du virus.

• Phytothérapie

Alterner un jour sur l'autre ces 2 infusions diurétiques pour aider l'organisme à éliminer ses toxines :
Reine des prés : mettre une poignée dans un litre d'eau, laisser infuser 10 minutes et lui en faire boire une tasse 3 fois par jour.
Ortosiphon : mettre une poignée dans un litre d'eau, laisser infuser 10 minutes et lui en faire boire une tasse 3 fois par jour.

Impétigo

Les lésions d'impétigo, jaunes et suintantes, sont généralement indolores et ne démangent pas. Mais elles sont extrêmement contagieuses. On les retrouve autour de la bouche, du nez, des yeux, mais aussi dans les oreilles, sur le cuir chevelu, aux doigts, aux genoux, autour du nombril... Il est important d'empêcher l'enfant de toucher ses croûtes car il risque de disséminer les germes et de favoriser l'extension des lésions.

• Homéopathie

Saponaria Composé : lui donner 10 gouttes dans un peu d'eau 2 fois par jour.
Graphites 7 CH : lui donner 5 granules tous les 10 jours pendant un mois en alternance avec **Calcarea Carbonica 9 CH**.
Antimonium Crudum 5 CH : les lésions suintent. Lui donner 3 granules par jour.

Mezereum 5 CH : les lésions démangent beaucoup. Lui donner 3 granules par jour.

Mise en garde

Cette affection cutanée due au staphylocoque doré peut entraîner des complications rénales et articulaires. Par précaution, il faut parfois envisager une désinfection antibiotique locale, voire générale.

Infections urinaires à répétition

Une fièvre isolée, surtout chez le nourrisson, des envies répétées d'uriner, des douleurs, des brûlures, des picotements avant ou après la miction et parfois la présence de sang dans les urines peuvent être les signes d'une cystite comme d'une infection urinaire. Pour faire le diagnostic précis, il faut pratiquer un ECBU et éventuellement une prise de sang car la présence de germes en grande quantité impose un traitement antibiotique.

• Homéopathie

La posologie : 2 granules après chaque miction.
Cantharis 9 CH : les mictions sont fréquentes et les urines peu abondantes. Les douleurs surviennent avant, pendant et après chaque miction.
Aconitum Napellus 9 CH : les symptômes se déclarent brutalement. Les mictions sont fréquentes et douloureuses, les urines peu abondantes.

Infections urinaires

Mercurius Corrosivus 9CH : les mictions sont fréquentes et les urines peu abondantes. Les douleurs surviennent au cours de la miction et se prolongent après.
Capsicum 9 CH : les mictions sont douloureuses et les urines d'abondance normale.
Terchathina Terebenthia 9 CH : douleurs modérées qui ne surviennent qu'au moment de la miction.
Causticum 9 CH : les douleurs sont moins importantes que les démangeaisons.

Cas particuliers
Sepia 9 CH : la fréquence des mictions est plus importante que les douleurs. Lui donner 2 granules 5 à 6 fois par jour pendant une semaine.
Ignatia Amara 9 CH : la cystite, chronique, survient systématiquement après un grand stress. Donner 2 granules 5 à 6 fois par jour pendant une semaine.

• Aromathérapie

Pour les enfants de plus de 3 ans :

Huile essentielle de santal : Lui donner une gélule ou 3 gouttes sur un sucre une fois par jour pendant une semaine.

• Phytothérapie

Teinture mère de Pilosella : Pour calmer les symptômes et nettoyer les urines, lui donner 25 gouttes dans un demi-verre d'eau le soir.

Mal des transports

• Homéopathie

Posologie : 3 granules toutes les 20 minutes.

Colchicum 9 CH : l'enfant est pâle et se plaint d'avoir froid. Le malaise est provoqué ou accentué par l'odeur de l'essence ou de l'huile.

Tabacum 9 CH : l'enfant est pâle et se plaint d'avoir froid. Le malaise s'aggrave au mouvement mais s'améliore quand l'enfant ferme les yeux.

Theridion 9 CH : l'enfant est pâle et se plaint d'avoir froid. Le malaise s'aggrave au mouvement et lorsqu'il ferme les yeux.

Borax 9 CH : les troubles sont provoqués par les mouvements de tangage en bateau.

Cocculus Indicus 9 CH : l'enfant exprime le besoin de rester immobile et de ne pas parler, tout mouvement entraînant des vertiges.

Petroleum 9 CH : les vertiges et les nausées sont aggravés par le mouvement mais soulagés par une prise alimentaire.

Un point de digitopuncture

• Le point de Neiguan, situé sur la face antérieure du poignet, à deux centimètres au-dessus du pli de flexion du poignet, entre les deux tendons.

• Pour le stimuler, on peut effectuer une pression rotative ou placer un petit aimant dessus en le maintenant à l'aide d'un sparadrap tout le temps du trajet. Cette méthode mise au point par des cosmonautes russes donne d'excellents résultats.

Maux de ventre

Les maux de ventre sont une pathologie courante au cours de l'enfance. Les nourrissons souffrent souvent de coliques alors que certains enfants, notamment ceux qui sont anxieux, connaissent déjà les affres de la colopathie fonctionnelle...

• Homéopathie

La posologie est de 2 granules 4 fois par jour le temps de la crise.

Mercurius Corrosivus 5 CH : la douleur s'apparente à une torsion et à une brûlure.
Aloe Soccotrina ou, à défaut, **Aloe Composé** en alternance avec **Chamomilla Vulgaris 5 CH** : la douleur est spasmodique.
Chélidonium Composé : l'enfant alterne les épisodes de diarrhée et de constipation.
Lycopodium 5 CH : l'enfant a tendance à être constipé.
Lycopodium 9 CH : l'enfant a facilement la diarrhée.
Colocynthis 5 CH : l'enfant a besoin de ramener ses jambes en chien de fusil pour soulager la douleur.
Tabacum 9 CH : la crise s'accompagne d'une production de gaz importante.

• Phytothérapie

Voir les Teintures Mère utilisées pour l'anxiété.

Infusion de badiane ou **d'anis étoilé** : Pour soulager spasmes et ballonnements, mettre une poignée dans un litre d'eau, laisser infuser 10 minutes et lui en donner 3 tasses par jour.

Tabacum D2 - Carbovegetabilis D2 – Chamomilla D2 en dilution 30 ml (formule du laboratoire Weleda) : lui donner 10 gouttes au réveil et au coucher.

A prendre au sérieux

Même si la plupart du temps, les troubles restent heureusement bénins, il ne faut pas passer à côté d'un problème plus grave (crise d'appendicite, occlusion, infection urinaire...).

Lorsque les douleurs sont très importantes, résistent à un premier traitement de 24 heures ou s'accompagnent d'autres symptômes (fièvre, vomissements, ventre dur...), vous devez consulter votre médecin.

Maux de tête et migraine

Fièvre, problèmes dentaires, oculaires ou ORL entraînent des maux de tête aigus de survenue brutale. Lorsque les maux de tête sont isolés, chroniques ou récidivants, ce sont des migraines dont l'origine est souvent psychique. L'enfant est fatigué, grognon, refuse de manger. Il peut aussi se plaindre de maux de ventre, de vertiges ou de difficultés à parler.

• Homéopathie

Cyclamen Europeanum 4 CH : l'enfant se plaint aussi de vertiges. Donner 3 granules 3 fois par jour.

• Phytothérapathie

Rosa Canina D1 : lui donner 20 gouttes le matin dans un demi-verre d'eau.
Betula Pubescens D1 : lui donner 20 gouttes le midi dans un demi-verre d'eau
Ribes Migrum D1 : lui donner 20 gouttes dans un demi verre d'eau le soir.
Quand la crise migraineuse est à son paroxysme :
Teinture Mère de Nigella Sativum : lui donner 5 gouttes toutes les 5 minutes avec un peu d'eau.
Voir également Anxiété.

Des maux de tête violents et/ou associés à d'autres symptômes (vomissements, fièvre, voile noir devant les yeux, raideur de la nuque, saignements de nez...) doivent vous amener à consulter un médecin en urgence.

• Ostéopathie

L'ostéopathie peut aider à la prise en charge de certains maux de tête et certaines migraines par son action sur les sutures crâniennes et sur la circulation cérébrale. Les résultats sont particulièrement bons quand ces troubles font suite à une chute ou un choc violent. Ils sont plus aléatoires quand la migraine a une composante héréditaire.

• Un remède qui marche

Vous pouvez nouer un bandeau autour de la tête de votre enfant. La « compression » du crâne a pour effet de diminuer la circulation sanguine du cuir chevelu et d'atténuer les douleurs.

• D'autres réponses

S'il s'agit d'une céphalée légère ou d'une migraine diagnostiquée par un médecin, **la sophrologie**, le **yoga** ou la **relaxation**, associées ou non à un traitement, donnent généralement de bons résultats. Notamment, si les maux de tête sont apparus dans un contexte psychoaffectif difficile ou une période de stress (rentrée en crèche ou à l'école, divorce des parents, conflits, perte d'un animal...). La **kinésiologie** permettant de remonter au facteur déclencheur, à l'origine du blocage, se révèle également salvatrice. Le recours à l'**acupuncture** peut être utile notamment lorsque les crises se répètent souvent et que la migraine est prise en charge dès les premières heures.

Mononucléose infectieuse

Bénigne, cette affection provoquée par le virus d'Epstein-Barr reste rare chez les moins de 3 ans. Elle est alors transmise par des proches qui eux même ont été contaminés, souvent par un baiser, le virus étant présent dans la salive. Elle se traduit le plus généralement par une angine peu douloureuse, un nez bouché, une fièvre souvent élevée, des éruptions cutanées et une grande fatigue. Une prise de sang permet de confirmer le diagnostic.

• Homéopatie

Traitement d'attaque *Voir traitement de la fièvre et de l'angine auquel on ajoutera en début :*
Euphorabia Resinifera 7 CH : lui donner 5 granules toutes les semaines en alternance avec **Sulfur Iodatum 7 CH** pendant un mois et demi.

Au quotidien
Aestus 5 CH et **Arsenicum Iodatum 5 CH** : lui donner 2 granules de chaque 2 fois par jour les jours pairs pendant 3 semaines.
Mercurius Corrosivus 5 CH et **Cistus Canadensis 5 CH** : lui donner 2 granules de chaque 2 fois par jour les jours impairs pendant 3 semaines.

• Oligothérapie

Cuivre *(Oligosol)* : lui donner une ampoule par jour en alternance avec une ampoule de **Cuivre-Or-Argent *(Oligosol)*** pendant 3 semaines.

Muguet

Le muguet siège aux bords internes des lèvres de bébé ainsi qu'à l'intérieur de ses joues et à la surface de sa langue. On le reconnaît à son aspect blanchâtre qui ressemble à s'y méprendre à des résidus de lait. Ne vous étonnez pas si votre enfant ne veut pas prendre le sein ou le biberon. C'est d'ailleurs souvent devant ce type de refus que les mamans découvrent la présence du muguet.

• Homéopatie

La posologie est de 3 granules 3 fois par jour.

Borax 7 CH : l'enfant refuse de manger à cause de la douleur.

Kalium Chloricum 7 CH : sa salive est abondante et acide.

Nitricum Acidum 7 CH : l'enfant a une haleine fétide et refuse les boissons froides.

Sempervinum tectorum D1 : lui faire des badigeonnages locaux.

Un peu d'hygiène

Cette affection buccale qui touche particulièrement les nourrissons est tout à fait bénigne. Pour éviter les récidives, pensez à bien nettoyer tétines et biberons afin d'éliminer toute trace de Candida albicans, le champignon responsable de la contamination.

Oreillons

Cette maladie virale qui affecte les glandes salivaires se manifeste par de la fièvre et une nette tuméfaction, d'un seul ou des deux côtés du visage, des glandes parotides qui se trouvent en avant de l'oreille, sous la mâchoire inférieure. Le visage a alors une forme « en poire » très caractéristique. Il a du mal à ouvrir la bouche et il salive beaucoup. Notez toutefois qu'un petit malade sur trois ne présente pas de symptôme.

• Homéopatie

Un traitement préventif en cas d'épidémie

Jaborandi 5 CH et **Parotidinum 5 CH** et **Trifolium Pratense 5 CH** : lui donner un granule de chaque tube 2 fois par jour.

Un traitement curatif

Belladona 5 CH : lui donner 2 granules au réveil et vers 16 heures.

Pyrogenium 5 CH : lui donner 2 granules à midi.

Mercurius Cyanatus 5 CH : lui donner 2 granules vers 10 h et 19 h..

Angelica Archangelica 9 CH : lui donner un tube-dose une fois par semaine..

Angelica Archangelica D1 : appliquer cette pommade sur les ganglions une fois par jour.

• Huiles essentielles

L'Eucalyptus radiata, le **niaouli** et **le thym à linalol** : lui donner une goutte de l'une d'elles, deux fois par jour, sur un sucre ou une petite cuillerée de miel ou en application sur le haut du thorax.

Otite

Elle fait souvent suite à une rhino-pharyngite. L'enfant est grognon, fiévreux (38°5 C), les écoulements de nez sont épais, les yeux collent, une petite diarrhée peut apparaître et l'oreille est douloureuse : il met sa main à l'oreille, se gratte... Lorsque le tympan est sous pression, bombé par le pus, il peut même hurler de douleur : c'est l'otite aiguë.

• Homéopatie

En cas d'otites aiguë avec écoulement.
La posologie est de 2 granules toutes les heures pendant 48 heures puis 3 granules 3 fois par jour pendant une semaine.
Capsicum 9 CH : l'enfant se plaint de douleurs auriculaires irradiant jusqu'à la mastoïde.
Chamomilla 9 CH : l'enfant est hypersensible, il tolère mal la douleur. Les symptômes s'aggravent entre 21h et minuit. Ce traitement s'adresse également aux otites liées aux poussées dentaires.
Belladona 9 CH : l'enfant est fiévreux, les douleurs dans son oreille sont pulsatives.

Otite

Révisez son alimentation

Gare aux sucres

Les enfants qui souffrent d'otite à répétition sont souvent de gros consommateurs de sucres. Or le sucre favorise l'inflammation chronique des voies aériennes supérieures avec le risque d'atteindre les oreilles. En complément d'un traitement de fond par l'homéopathie par exemple, il est conseillé de réduire au maximum les produits sucrés (bonbons, sucre, boissons sucrées, gâteaux) voire de les éliminer.

Stoppez le lait de vache

Lorsqu'un enfant souffre d'otites à répétition, la première chose à faire est d'éliminer les produits laitiers pendant quelques temps. En plus d'être source d'allergies, ils favorisent l'accumulation de mucus sur la partie arrière de la langue. Et ainsi facilitent la prolifération bactérienne qui remonte vers les oreilles. Remplacez lait de vache, yaourt, fromage... par des produits à base de soja ou de brebis.

Arsenicum Album 9 CH : l'enfant se plaint de douleurs brûlantes qui sont améliorées par la chaleur. Ses symptômes s'aggravent entre 1 et 3 heures du matin.

En cas d'otite séromuqueuse :
La posologie est de 2 granules toutes les 2 heures.
Kalium Muriaticum 9 CH : l'enfant a l'impression de moins bien entendre et perçoit des bruits de claquement dans ses oreilles.
Arsenicum Iodatum 9 CH : l'enfant a un terrain allergique.

En traitement de fond :
Eupatorium Perfoliatum 7 CH : lui donner 5 granules une fois par semaine en novembre, décembre, janvier et février.

• Acupuncture

L'acupuncture donne de bons résultats sur les otites moyennes non purulentes lorsqu'elles sont encore au stade inflammatoire.

• Ostéopathie

L'ostéopathie peut aider à la prise en charge des otites de l'oreille moyenne par son action sur les sutures crâniennes et sur la ventilation de la trompe d'Eustache.

Piqûres d'insectes

Une éruption qui ne touche que les parties découvertes du corps doit faire penser à des piqûres d'insectes.

• Homéopathie

La posologie est de 2 granules 5 fois par jour.
Apis Mellifica 5 CH : la piqûre a été faite par une abeille, elle gonfle et démange.
Vespa Crabo 5 CH : la piqûre a été faite par une guêpe, elle gonfle et démange.
Tarentula Cubensis 5 CH : piqûre d'araignée et la douleur s'apparente à une brûlure.
Ledum Palustre 9 CH : la piqûre a été faite par un moustique, une puce. Elle ne gonfle pas, les démangeaisons sont améliorées par l'application de froid.
Cantharis 9 CH : à donner quel que soit l'insecte, lorsque la piqûre provoque une grosse vésicule et la douleur s'apparente à une brûlure.

• Phytothérapie

Teinture mère de Calendula ou de **Ledum palustre** : pour soulager rapidement les démangeaisons, tamponner la piqûre plusieurs fois par jour.

• Des compresses de vinaigre

On peut aussi, tout simplement, appliquer du vinaigre ou un demi-oignon frais sur la piqûre. Le soulagement est quasi immédiat.

Poussées dentaires

Un nourrisson qui bave en permanence, mâchouille tout ce qui lui passe sous la main, présente une légère fièvre et une diarrhée a sûrement une dent qui pousse. Sa gencive est alors gonflée et rouge, on peut parfois voir le sommet de la dent à travers la gencive.

• Homéopathie

Posologie : 2 granules toutes les demi-heures.

Calcarea Phosphorica 9 CH : la rougeur n'est présente que sur une seule gencive.

Chamomilla 9 CH : les douleurs s'accompagnent d'agitation et de cris. L'enfant a une joue plus rouge que l'autre.

Phytolacca 9 CH : la poussée dentaire s'accompagne d'une angine.

Belladonna 9 CH : la poussée dentaire s'accompagne de fièvre et d'une rhino-pharyngite.

Capsicum 9 CH : la poussée dentaire s'accompagne de douleurs à l'oreille.

Borax 9 CH : l'enfant refuse le biberon, il pleure quand on essaie de le poser dans son lit.

• Le pouvoir de l'ambre

L'ambre est une résine végétale qui possède la propriété de réguler et d'harmoniser la circulation des énergies dans tout l'organisme. C'est pourquoi on en met souvent au cou des bébés pour atténuer leurs douleurs dentaires et les relaxer. Les colliers d'ambre évitent également les infections et les irritations dans les replis du cou dues à la transpiration et à l'humidité. Veillez à toujours choisir un collier comportant un nœud entre chaque perle pour éviter qu'elles ne se détachent et que votre bébé ne les avale si le collier casse.

Poux

Lorsqu'un enfant se gratte la tête en permanence, se réveille anormalement la nuit, inspectez ses cheveux. On peut y voir des lentes accrochées aux cheveux et des poux sur le cuir chevelu.

• Phytothérapie

Teinture Mère de staphysagria et de **sabadia** en quantités égales : en cas d'infestation en collectivité, ce mélange à vaporiser sur la chevelure de l'enfant a un effet répulsif.

Un après-shampoing à la lavande. Faire macérer pendant deux semaines 100 g de fleurs de lavande dans un demi litre d'alcool à 45 degrés, puis filtrer. Appliquer la teinture après le shampoing, cheveux rincés, mèche par mèche. Laisser reposer deux heures avant de faire un deuxième shampoing pour éliminer les lentes mortes. Répéter plusieurs fois si nécessaire. Cette teinture s'utilise aussi en prévention, en friction, tous les matins avant d'aller à l'école. Les poux détestent cette odeur.

Reflux gastro-œsophagien

Il n'y a rien d'anormal à ce qu'un bébé régurgite une petite quantité de lait après la tétée ou son biberon. Mais certains signes doivent faire suspecter un véritable reflux : les régurgitations sont importantes, douloureuses, elles surviennent à distance des repas, l'enfant tousse, notamment la nuit, il se réveille en pleurant, sa courbe de poids stagne... Il faut alors procéder à une série d'examens (échographie, radio, fibroscopie, mesure de l'acidité dans l'estomac) afin de mettre en place le traitement le mieux adapté. Dans tous les cas, qu'il s'agisse de simples régurgitations ou d'un reflux avéré, veillez à maintenir votre enfant bien droit pendant la digestion, que ce soit en le portant dans vos bras ou dans un sac kangourou. Veillez également à surélever la tête de son lit.

• Homéopathie

La posologie est de 2 granules avant les tétées.

Argentum Nitricum 9 CH : le nourrisson boit trop vite, son ventre ballonne et il se tortille après les tétées. Les symptômes sont soulagés par l'émission de rots bruyants.

Graphite 9 CH : l'enfant émet des rots fatigants et inefficaces sur la digestion.

Rhino-pharyngite

Il est tout à fait normal qu'un enfant connaisse un grand nombre d'épisodes rhino-pharyngés au cours des 6 premières années. C'est le temps nécessaire à son système immunitaire pour se mettre définitivement en place. Souvent d'origine virale, cette affection se traduit avant tout par un écoulement de nez et une toux, aggravée par la position allongée. L'enfant peut aussi présenter de la fièvre, des maux de tête, de la fatigue et un manque d'appétit.

• Homéopathie

Dès les premiers signes :

La posologie est de 2 granules toutes les heures.

Aconitum Nap 15 CH : lui donner dès le premier frisson par temps froid et sec.

Belladona 15 CH : il a pris froid à la tête ou au visage.

Dulcamara 15 CH : lui donner dès le premier frisson par temps froid et humide.

Bryonia 15 CH : les symptômes apparaissent après une exposition au soleil.

Gelsemium 15 CH : les symptômes apparaissent en période de redoux hivernal.

Les symptômes sont installés :

La posologie est de 3 granules 4 fois par jour.

Amponium Carbonicum 5 CH : son nez est complètement sec et bouché, au point que l'obstruction nasale le réveille la nuit.

Nux Vomica 5 CH : son nez est sec la nuit mais les éternuements et les écoulements se déclenchent dès le lever.
Pulsatilla 5 CH : son nez est bouché la nuit mais coule durant la journée. Les écoulements sont épais, non irritants mais nettement aggravés à la chaleur.
Arum Triphyllum 9 CH : ses narines sont rouges et irritées, tout comme l'intérieur de son nez, ses lèvres et surtout le fond de sa gorge. Dès le lever, il éprouve le besoin de gratter les petites écorchures qui bordent ses narines, et ce malgré la douleur.

• Oligothérapie

Du cuivre : une demi-ampoule en instillation nasale, 2 à 3 fois par jour, à partir d'un an, pour augmenter la réponse immunitaire. A partir de deux ans, on passe à une ampoule 2 à 3 fois par jour.
Du soufre : 1 ampoule matin et soir, tous les deux jours, pour détoxiquer les muqueuses.

Eviter les récidives

Quelques mesures préventives sont utiles : ne pas surchauffer la chambre (pas plus de 18°C), humidifier l'air à l'aide de saturateurs d'eau (éventuellement additionnée de quelques gouttes d'eucalyptus), laver régulièrement les mains de l'enfant, lui apprendre le plus tôt possible à se moucher et, très important, nettoyer régulièrement son nez avec du sérum physiologique ou des pulvérisations d'eau de mer, même en dehors de la maladie.

Rhume des foins

Rare avant 5 ans, cette maladie allergique saisonnière débute par une démangeaison du palais et du nez, des éternuements successifs, une irritation des yeux qui piquent, sont rouges et larmoyants, et un écoulement de nez en fontaine, clair.

• Homéopathie

Belladona 9 CH : la muqueuse nasale est congestive, les éternuements rapprochés et fréquents. L'enfant se plaint de picotements intenses dans son nez, à la limite de la brûlure. Lui donner 2 granules toutes les 2 heures pendant 48 heures.
Allium Cepa 9 CH : un fort écoulement aqueux irrite son nez. Lui donner 3 granules 3 fois par jour.
Euphrasia 9 CH : l'écoulement nasal est faible et peu irritant mais ses yeux sont rouges, larmoient et démangent. Lui donner 3 granules 3 fois par jour.

Les saisons à risques

De fin janvier à mi-mars : les pollens de cyprès et de thuyas surtout dans le midi.
En mars et avril : les pollens de bouleaux, de charmes et de noisetiers surtout dans le Nord et l'Est.
En avril, les pollens de platane.
De janvier à juin, les pollens de frênes et d'oliviers.
En mai et juin, les pollens de chênes.
De mai à juillet : les pollens de graminées de plantain et d'orties.
De fin août à fin novembre : les pollens d'ambroisie.

Roséole

Bénigne, cette maladie virale débute par une fièvre élevée (au moins 39°) et isolée. Au troisième jour, la fièvre laisse place à une multitude de petites taches rosées qui apparaissent sur le thorax puis sur les membres. Cette éruption, signe de la guérison, n'excède jamais 48 h.

• Homéopathie

Gelsemium Sempervirens 5 CH : lui donner 3 granules matin et soir.
Belladona 4 CH - Bryonia Alba 5 CH - **Euphrasia Officinalis 5 CH** (préparation à faire faire par la pharmacie) : lui donner 3 granules 3 fois par jour.
Scrofularia Composé en dilution : en cas de gros ganglions, lui donner également 10 gouttes dans un demi-verre d'eau 3 fois par jour.

Appliquer **du talc au calendula** 3 fois par jour sur la peau et les vêtements.

• Des vitamines

Pour stimuler son système immunitaire mis à rude épreuve, donnez-lui du jus d'orange riche en **vitamine C**. Ou suplémentez-le avec des capsules d'**Echinacea**, la plante de l'immunité par excellence.

Rougeole

La maladie débute par un rhume fébrile, une conjonctivite avec les yeux rouges puis apparaissent sur la face interne des joues, des petits points blancs caractéristiques entourés d'un halo rose. L'éruption commence au 4ème-5ème jour d'abord sur le cuir chevelu et les tempes, puis elle s'étend sur le cou et le reste du corps pour disparaître au bout d'une dizaine de jours. Même si la rougeole est considérée comme une maladie bénigne quand elle se déclare chez un enfant, elle peut, chez les nourrissons et les enfants fragiles, donner lieu à des complications : otites, laryngites, convulsions, voire, plus rarement, atteintes du système nerveux. Mieux vaut donc, parallèlement aux remèdes proposés, prendre l'avis d'un médecin.

• Homéopathie

Gelsemium Sempervirens 5 CH (préparation à faire faire par la pharmacie) : lui donner 3 granules matin et soir.
Belladona 4 CH - **Bryonia Alba 5 CH** - **Euphrasia Officinalis 5 CH** (préparation à faire faire par la pharmacie) : lui donner 3 granules 3 fois par jour.
Morbillunum 7 CH : lui donner un tube-dose au deuxième jour du traitement.

Appliquer du **talc au calendula** 3 fois par jour sur la peau et les vêtements.

• Phytothérapie

Préparer une **décoction de bardane** et lui en donner une cuillerée à café toutes les 5 minutes. Cette boisson accélère l'éruption et la guérison.

Rubéole

Relativement difficile à reconnaître, cette maladie virale bénigne s'apparente à une rougeole atténuée. Une fièvre modérée s'installe pendant 2 à 3 jours, accompagnée de taches rosées sur le visage puis le corps. Cette éruption, qui s'accompagne systématiquement de nombreux ganglions dans la partie postérieure du cou, peut également s'associer à une légère toux ainsi qu'à une petite conjonctive et de faibles douleurs musculaires.

• Homéopathie

Gelsemium Sempervirens 5 CH : lui donner 3 granules matin et soir.
Belladona 4 CH - **Bryonia Alba 5 CH** - **Euphrasia Officinalis 5 CH** (préparation à faire faire par la pharmacie) : lui donner 3 granules 3 fois par jour.
Scrofularia Composé en dilution : en cas de gros ganglions, lui donner également 10 gouttes dans un demi verre d'eau 3 fois par jour.
Appliquer du **talc au calendula** 3 fois par jour sur la peau et les vêtements.

Saignement de nez

Les saignements de nez ou épistaxis sont très fréquents entre 2 et 12 ans. Ils peuvent être dus à une rhinopharyngite, une infection virale ou une poussée fiévreuse qui fragilisent la muqueuse nasale. La chaleur, l'air sec et la pollution sont des sources d'irritation supplémentaires. Il suffit alors d'un mouchage énergique ou d'un doigt explorateur pour faire éclater les petits vaisseaux sanguins qui tapissent les muqueuses. Les saignements peuvent aussi se produire après une exposition au soleil, la prise d'aspirine ou une fatigue passagère sans oublier les chocs sur le nez. Il arrive que certains enfants saignent très souvent à cause d'une veine particulièrement dilatée au niveau du cartilage. Une petite particularité qui se soigne très bien.

• Homéopathie

La posologie est de 2 granules toutes les demi-heures.

Millefolium 9 CH : écoulement rouge et brillant.

China 9 CH : le sang est foncé, l'hémorragie importante et l'enfant se plaint de bourdonnements dans l'oreille.

Arnica 9 CH : le saignement est consécutif à un coup sur le nez.

Glonoinum 9 CH : le saignement est consécutif à une exposition prolongée au soleil.

Ferrum Phosphoricum 9 CH : le saignement survient au cours d'une rhino-pharyngite.

• Du vinaigre

Pour cautériser localement, mettre dans la narine un morceau de coton imbibé de vinaigre de cidre. L'acide entraîne une vasoconstriction des vaisseaux et ainsi stoppe le saignement.

• Ostéopathie

Par son action sur la circulation cérébrale et la face, l'ostéopathie peut aider à la prise en charge de certains saignements de nez, notamment ceux qui deviennent chroniques à la suite d'un choc sur le visage.

Les bons réflexes

Ne penchez pas la tête de votre enfant en arrière. Faites-le asseoir et inclinez sa tête en avant. Puis demandez-lui de respirer par la bouche et avec votre pouce et votre index, pincez-lui les ailes du nez juste au-dessous de la bosse que forme la partie dure du cartilage. Au bout d'une dizaine de minutes, relâchez doucement la pression. Si les saignements de nez sont fréquents ou s'ils font suite à un choc violent à la tête et s'accompagnent d'autres symptômes (fièvre, raideur de la nuque, céphalée...), il est préférable de prendre un avis médical d'urgence.

Scarlatine

Cette maladie infantile bactérienne commence comme une angine : l'enfant a mal à la gorge, il est fiévreux, ses amygdales sont rouges et gonflées, le voile de son palais est parsemé de petits points rouges. Les ganglions de son cou sont enflés et douloureux. Des symptômes qui peuvent s'accompagner de maux de tête, de douleurs abdominales avec nausées, voire de vomissements. Lors de la consultation, indispensable, le médecin reconnaîtra l'aspect très significatif de la langue : recouverte d'un enduit blanchâtre, ses bords sont rouge vif. Puis au fil des jours l'enduit laissera la place à des papilles rouge vif en relief : c'est la « langue framboisée », très caractéristique de la scarlatine.

• Homéopathie

Traitement préventif en cas d'épidémie :

Belladona 4 CH : lui donner 2 granules matin et soir.

Arsenicum Album 5 CH : lui donner 3 granules toutes les 48 heures.

Si la maladie est déclarée :

Gelsemium Sempervirens 5 CH : lui donner 3 granules toutes les 12 heures.

Belladona 4 CH et **Arum Triphyllum 5 CH** : lui donner 2 granules 3 fois par jour par alternance.

Pendant la convalescence :

Ferrum Sidereum Pancreine D4 (Weleda) : pour un enfant de plus de 12 mois, donner 10 gouttes dans un verre d'eau 2 fois par jour pendant un mois.

• Aromathérapie

Remède préventif, remède de la crise : un suppositoire matin et soir de **Bronchorectine au citral.**

Scoliose

Lorsqu'un enfant se tient de travers et se plaint du dos, vérifiez qu'il n'a pas une scoliose. S'il s'agit d'une attitude scoliotique, plus facile à traiter, les vertèbres sont normales à la radio. En cas de scoliose vraie, les vertèbres sont «tordues», la colonne vertébrale présente une déviation au niveau dorsal ou lombaire et lorsque l'enfant se penche en avant, une bosse apparaît au niveau de la déviation.

• Ostéopathe

L'ostéopathie peut aider à la prise en charge de l'attitude scoliotique et de la scoliose par son action sur les muscles du cou, la position du rachis et la statique du bassin et des membres. Une prise en charge précoce est importante. En cas de scoliose avérée, l'enfant doit aussi être suivi par un orthopédiste.

• Des points à masser

Chaque point douloureux dans le dos peut être considéré comme un point à traiter. Appuyez dessus avec le bout du pouce et dispersez la douleur en poussant dans les 4 directions (nord, est, ouest, sud) à partir du centre jusqu'à ce que la peau devienne rosée.

Sinusite aiguë

La sinusite aiguë se manifeste par un écoulement nasal particulièrement purulent associé à une toux grasse et une fièvre persistante. Il est important de bien la prendre en charge car les sinusites peuvent devenir chroniques.

• Homéopathie

La posologie est de 2 granules toutes les heures pendant 48 heures.

Aconitum Nap 15 CH : dès les premiers symptômes, avant que les écoulements purulents ne débutent. La sinusite a débuté après un froid sec. Elle survient chez un enfant anxieux. Sa fièvre est élevée et les douleurs se produisent en début de nuit.

Ferrum Phosphoricum 9 CH : la sinusite fatigue l'enfant. L'écoulement nasal reste léger.

Lachesis 9 CH : les douleurs sont améliorées par la pression sur les sinus.

Eupatorium Perfoliatum 9 CH : les douleurs frontales et orbitales sont aggravées par le mouvement des yeux.

Sticta Pulmonaria 9 CH : les douleurs se localisent au niveau du front et de la racine du nez. L'enfant ressent constamment le besoin de se moucher, mais sans résultat.

Arsenicum Album 9 CH : les douleurs à type de brûlures s'aggravent à partir de minuit.

Kalium Bichromicum 9 CH : les douleurs se localisent au niveau des maxillaires. A la perte d'odorat s'associent un écoulement jaune verdâtre qui descend dans l'arrière gorge et des mucosités nasales verdâtres.

Kalium Iodatum 9 CH : les douleurs se localisent au niveau du front. L'écoulement nasal est aqueux, abondant mais non irritant.

• Oligothérapie

Traitement de fond :

Manganèse-soufre *(Oligosol)* : Lui donner une ampoule par jour pendant 3 semaines.

• Acupuncture

L'acupuncture donne de très bons résultats à court et moyen terme, à raison de deux séances par semaine pendant en moyenne deux semaines puis de façon plus espacée. Des séances d'entretien peuvent être conseillées en périodes critiques.

• Ostéopathie

L'ostéopathie peut aider à la prise en charge de nombre de sinusites par son action sur la croissance crânienne et la face. Notez que les sinus se forment tardivement. Avant l'âge de 6 ans, des douleurs au front évoquent donc davantage des maux de tête.

Voir maux de tête.

Torticolis

Un courant d'air, un geste brusque, un effort sont des situations pouvant entraîner une contracture brutale des muscles du cou qui reste bloqué dans une position. La douleur est le principal symptôme.

• Ostéopathie

L'ostéopathie peut aider à la prise en charge d'un grand nombre de torticolis, qu'ils soient ou non congénitaux, en agissant sur les muscles du cou ainsi que sur la position du rachis cervical et de la base crânienne. Cependant, il est nécessaire qu'un diagnostic soit préalablement clairement défini. Il faut en effet s'assurer de l'absence d'anomalie organique. Si le torticolis fait suite à un choc récent, l'ostéopathe demandera une radio ou adressera son jeune patient vers le service d'urgence le plus proche s'il a été consulté en première intention.

De la chaleur

• Pour soulager la douleur, on peut appliquer localement des cataplasmes d'**argile** chauds ou des coussins de **noyaux de cerises** réchauffés au four. Des massages doux augmentant la chaleur localement peuvent aussi apaiser et décontracturer les muscles.

• Parfois une supplémentation en **magnésium** peut se révéler utile, notamment chez les enfants anxieux ou qui mangent de façon déséquilibrée.

Toux

La toux, très fréquente chez l'enfant, n'est pas une maladie en soi mais un symptôme dû à l'irritation de certaines zones de la gorge, de la trachée, des bronches ou des oreilles. La toux sèche ne s'accompagne pas de sécrétions, à l'inverse de la toux grasse qui expulse des mucosités des voies respiratoires.

• Homéopathie

En cas de toux sèche :

Posologie : 2 granules 5 fois par jour pendant 5 jours.

Aconitum Nap 5 CH : la toux survient après une exposition à un froid vif et brutal. L'enfant est tonique et inquiet et il a envie de boire de l'eau froide.

Belladona 5 CH : la toux survient brutalement. L'enfant transpire fortement, ses muqueuses sont sèches, il a froid et son visage est congestionné.

Hepar Sulfur 5 CH : la toux est rauque, aboyante. Elle survient après une exposition à un froid vif et s'accentue après minuit.

Spongia Tosta 5 CH : la toux survient après un froid brutal et sec. Elle est très rauque et l'enfant a l'impression que ses poumons « brûlent ».

Bryonia Alba 5 CH : la toux est provoquée par le moindre mouvement et aggravée dans une chambre chaude. Elle survient dans un contexte fébrile. L'enfant a très soif et souffre de douleurs thoraciques, améliorées quand on comprime son thorax.

Toux

En cas de toux grasse :
La posologie est de 2 granules 4 fois par jour pendant une semaine.

Ferrum Phosphoricum 5 CH : la toux est d'abord sèche et douloureuse avant de laisser place à des expectorations jaunes parfois striées de sang. L'enfant alterne pâleurs et rougeurs au niveau du visage. Il se plaint de sensations de brûlure dans la poitrine, notamment lorsqu'il est couché.
Pulsatilla 5 CH : le jour, la toux est grasse et produit des mucosités jaunâtres épaisses. La nuit, des quintes de toux sèche obligent l'enfant à s'asseoir dans son lit.
Ipeca 5 CH : la toux, spasmodique, est aggravée au mouvement et au grand air. Elle rend la respiration difficile.
Mercurius Solubilis 5 CH : la toux produit des mucosités épaisses et elle est aggravée à la chaleur du lit. La langue de l'enfant est chargée, elle garde l'empreinte de ses dents, il a une mauvaise haleine et la nuit, sa transpiration est visqueuse.
Blatta Orientalis 5 CH : la bronchite rend la respiration très difficile et peut même être à l'origine de crises d'asthme.
Drosera 5 CH : les quintes de toux surviennent principalement la nuit, en position couchée.
Coccus Cacti 5 CH : les quintes de toux produisent un mucus fin et visqueux, notamment au réveil et vers 23 heures. L'enfant évoque une sensation de chatouillement dans sa gorge.

• Phytothérapie

Suppositoire aux huiles essentielles : faire préparer par la pharmacie un mélange d'huiles essentielles d'origan, de sarriette, d'eucalyptus et de thym AA 0,10 g quantité suffisante pour un suppositoire de 3 grammes. Lui mettre un suppositoire chaque soir au coucher. Antiseptique et calmante, cette formule donne de très bons résultats.
Inhalation : mettre 2 gouttes d'huile essentielle d'origan, de sarriette, d'eucalyptus, de thym, de pin et d'hysope dans un bol d'eau chaude et lui faire faire des inhalations 2 fois par jour.
Teinture Mère de tussilabo : lui faire prendre 2 gouttes 3 fois par jour dans un demi-verre d'eau.

• Des points à masser

Pour améliorer la respiration, massez le dos avec la pulpe des pouces en commençant au-dessus des omoplates pour finir en dessous. Faire ce massage 5 minutes et terminer en massant doucement avec votre majeur le point situé sur le thorax, entre les deux mamelons.

• Ostéopathie

L'ostéopathie peut aider à la prise en charge de certaines toux liées à une bronchite ou une bronchiolite par son action neuro-végétative sur la motricité bronchique et la capacité pulmonaire. Attention : pour les bronchiolites, la kinésithérapie respiratoire quotidienne reste indispensable.
Voir aussi asthme, laryngite, rhinopharyngite.

Troubles de la statique

Pieds déviés en dedans ou en dehors, pieds plats, jambes arquées... toutes ces anomalies doivent être prises en charge le plus tôt possible tant que les articulations sont souples.

• Ostéopathie

L'ostéopathie peut aider à la prise en charge des déformations du pied à la naissance (*metatarsus varus*, pied bot...) en agissant sur les appuis des membres et la position du bassin et du rachis dans leur ensemble. Cependant, il est tout à fait normal qu'un jeune enfant ait des jambes « arquées » (*genu varum* ou en dehors) jusqu'à environ 18 mois, puis des genoux en X (*genu valgum*) qui tendent à se toucher, et ce jusqu'à 6-7 ans. Ce phénomène est dû à la croissance normale des membres inférieurs. Pour ne pas pérenniser les mauvaises positions des membres inférieurs, il vous suffit de veiller à ce que votre enfant ne s'assoit pas sur ses jambes «comme une grenouille » (genoux qui se touchent, pieds en dehors).
Attention : certaines hyperlordoses (cambrure très accentuée), si elles sont absolument indolores chez l'enfant, peuvent induire à l'âge adulte des douleurs dorsales. L'équilibration du bassin et du rachis permet de retrouver une courbure normale dès l'enfance.

Troubles du sommeil

Lorsqu'un enfant est fatigué dès le réveil, grognon, manque de concentration, s'agite exagérément «tenant sur les nerfs»... il suffit parfois d'améliorer la qualité de son sommeil pour qu'il change de comportement.

• Homéopathie

La posologie est de 3 granules au coucher, à renouveler si besoin au cours de la nuit.

Pour les bébés jusqu'à 1 an :

Nux Moschata 9 CH : il souffre de colites.

Sulfur 30 CH : il se réveille au moindre bruit.

Nux Vomica 30 CH : il se réveille systématiquement une heure après avoir bu son biberon.

Baryta Carbonica 15 CH : c'est un enfant prématuré et il a du mal à espacer les tétées la nuit.

Chamomilla 30 CH : il ne parvient à se calmer que bercé ou promené.

Jalapa 30 CH : il est souriant dans la journée mais crie pratiquement toute la nuit.

Pour les enfants de 1 à 5 ans :

Lycopodium 30 CH : il se sent en insécurité la nuit.

Argentum Nitricum 30 CH : il retarde l'heure du coucher, réclame des sucreries et s'agite beaucoup.

Silicea 30 CH : il résiste au sommeil malgré l'épuisement.

Phosphurus 30 CH : il est angoissé et réclame à boire ou à manger.

Natrum Muriaticum 30 CH : il n'aime pas l'obscurité : il demande que la porte reste entrouverte ou réclame une petite lumière dans sa chambre.
Cina 30 CH : il change sans cesse de place dans son lit au cours de la nuit.
Arum 30 CH : il se réveille et geint doucement plusieurs fois par nuit.
En cas de terreurs nocturnes ou de cauchemars : **Stramonium 30 CH**.

• Fleurs de Bach

Aspen : 4 gouttes 3 fois par jour tant que nécessaire.

• Bain

Donnez-lui un bain d'eau tiède (pas trop chaude) additionné d'**eau de fleur d'oranger**.

• Sirop maison

Confectionnez un sirop à base de **fleurs de pêcher.** Versez 500 g de fleurs de pêcher dans un litre d'eau bouillante. Couvrez et laissez macérer 12 heures. Faire à nouveau bouillir une dizaine de minutes, filtrer et ajouter 500 g de sucre. Remettre à cuire jusqu'à consistance d'un sirop. Puis conserver dans un flacon hermétiquement clos. Donner 1 cuillerée à café avant le coucher.

• Ostéopathie

L'ostéopathie peut aider à la prise en charge de nombreux troubles du sommeil, notamment au cours de la première année. Elle va en effet agir au niveau des compressions des sutures crâniennes qui auraient pu subir des contraintes au cours d'une grossesse et/ou d'une naissance difficile mais aussi d'un choc corporel ou psychologique. Pour l'enfant plus grand, il est indispensable d'adopter en parallèle une bonne hygiène de vie, en prenant garde notamment à respecter ses cycles de sommeil.
Voir aussi anxiété.

Réviser l'hygiène de vie

Certaines habitudes peuvent être à l'origine des troubles du sommeil. Les corriger fait également partie du traitement : éviter les siestes trop longues, pas de boissons à base de cola le soir, pas de repas trop lourd et gras, coucher et lever l'enfant aux mêmes heures, pas d'activités toniques le soir, proposer une tisane de tilleul ou de lavande avec un peu de miel... les enfants adorent faire comme maman.

Urticaire

Suite à l'absorption d'un médicament ou d'un aliment auquel il est allergique (fraise, colorant alimentaire, crustacé), au contact d'une plante allergisante ou à la piqûre d'un insecte, l'enfant va subitement se couvrir de plaques de boutons rouges en relief qui ressemblent à des piqûres d'ortie. Cette éruption, qui le démange terriblement, va disparaître puis réapparaître à d'autres endroits du corps tout au long de la journée.

• Homéopathie

En cas d'urticaire simple, c'est-à-dire très localisé sans aucun symptôme associé :

La posologie est de 2 granules 5 fois par jour.

Apis Mellifica 9 CH : les plaques sont légèrement gonflées et rosées et les démangeaisons sont aggravées à la chaleur.

Helianthus 9 CH : les plaques sont rouges et chaudes et les démangeaisons sont aggravées à la chaleur.

Urtica Urens 9 CH : les plaques apparaissent après ingestion de crustacés ou de poissons. Aggravées à la fraîcheur et au toucher, les démangeaisons sont améliorées à la chaleur.

Arsenicum Album 9 CH : l'enfant ressent comme une brûlure, notamment la nuit. Les démangeaisons sont aggravées à la fraîcheur mais adoucies par l'application de chaleur.

Rhus Toxicodendron 9 CH : les plaques sont rouges foncé et les démangeaisons sont aggravées au froid humide.
Rumex Crispus 9 CH : les plaques apparaissent après ingestion de viande.
Antipyrine 9 CH : les rougeurs sont parfois bleuâtres et les démangeaisons très vives.

En cas d'urticaire géant et en attendant l'arrivée du médecin :
La posologie est de 2 granules toutes les demi-heures.
Homarus 9 CH : les plaques sont larges et les démangeaisons intenses.
Physalia Physalis 9 CH : les plaques sont larges, surélevées, rouges, gonflées et se rejoignent. Les démangeaisons s'apparentent à des brûlures. L'enfant est anxieux et agité.

Localement, saupoudrer du **talc au calendula** sur les plaques et les vêtements 3 fois par jour.

Ça se complique !

L'urticaire étant une manifestation allergique, assurez-vous qu'il ne s'associe à aucun symptôme d'œdème de Quincke (gonflement du visage, difficulté à respirer). Dans le cas contraire, il vous faudrait immédiatement contacter les urgences.

Vaccination

Les vaccins, comme tout médicament, peuvent avoir des effets secondaires, notamment une réaction locale et de la fièvre pendant 24 à 48 h.

• Homéopathie

Après le vaccin variolique :
Vaccinotoxicum 7 CH : lui donner un tube-dose au réveil le lendemain de l'injection.
Thuya Occidentalis 7 CH : lui donner 5 granules 8 jours après l'injection.

Après le vaccin dipthérique :
Diphtérotoxicum 7 CH : lui donner 5 granules au réveil 48 heures après l'injection.
Formol 7 CH : lui donner un tube-dose au réveil 8 jours après.

Après le vaccin tétracoq :
Tétracoq 5 CH : lui donner un tube-dose au réveil le lendemain de l'injection.
Thuya Occidentalis 7 CH : lui donner 5 granules le soir de l'injection puis 5 granules 4 jours après.
Silicia 7 CH : lui donner 5 granules 7 jours après l'injection.

• Acupuncture

Il est intéressant de faire une séance d'acupuncture la veille de la vaccination en vue de prévenir d'éventuels effets secondaires. L'acupuncture donne également de bons résultats a posteriori, lorsque les effets sont déclarés.

Varicelle

C'est la plus contagieuse des maladies infantiles. On la reconnaît à la présence de petites taches rouges qui laissent rapidement place à des boutons semblables à des gouttes de rosée. Remplies d'un liquide clair, ces vésicules se percent d'elles-mêmes au bout d'un ou deux jours. Elles apparaissent généralement sur le tronc avant de gagner le visage, le cuir chevelu, les membres, voire les muqueuses. En dehors de cette éruption qui va plus ou moins le démanger, l'enfant est fatigué, irritable et fiévreux.

• Homéopathie

Dès l'apparition des premiers symptômes, (de petits boutons semblables à des gouttes de rosée) :
Vaccinotoxicum 7 CH : lui donner un tube-dose.
Belladona 5 CH - **Mezereum 5 CH** - **Rhus Toxicodendron 5 CH** (préparation à faire faire par la pharmacie) : lui donner 3 granules 3 fois par jour.
Rana Bufo 5 CH : lui donner 3 granules par jour tant qu'il y a encore des pustules et/ou des croûtes.
Traitement local :
Talc au Calendula ou **poudre TCK** : appliquer sur les vésicules aussi souvent que nécessaire pour apaiser l'inflammation et les démangeaisons.
Pommade Homéoplasmine : appliquer sur les vésicules si elles commencent à s'abîmer.

Appliquer sur les lésions des compresses imbibées d'une **décoction de mauve** aux vertus émollientes, pour assouplir les tissus et les croûtes.

Verrues

Ces excroissances de peau sont dues à un papillomavirus. Le manque de maturité du système immunitaire des enfants explique pourquoi ils sont si souvent touchés.

• Homéopathie

La posologie est de 3 granules 2 fois par jour.

Causticum 5 CH : les verrues sont planes et localisées sur visage. Elles peuvent saigner.

Dulcamara 5 CH : elles sont lisses, souples au toucher et localisées sur le visage, les ongles ou le dos des mains.

Antimonium Crudum 5 CH : elles forment une cornée dure et épaisse et sont localisées sur les doigts.

Nitricum Acidum 5 CH : localisées sur le dos des mains, elles sont molles, humides, pédiculées et saignent facilement.

Causticum 5 CH : elles sont localisées sur le bout des doigts.

Cinnabaris 5 CH : il s'agit de verrues anales ou génitales qui sont rougeâtres et saignent facilement.

Ferrum Pricicum 5 CH : petites, nombreuses et groupées, elles peuvent être localisées n'importe où sur le corps.

• Phytothérapie

Teinture Mère de Thuya ou de **Chelidonium** : lui donner 50 gouttes 3 fois par jour.
Pommade du docteur Perrin : appliquer sur les lésions 1 à 3 fois par jour.
Suc laiteux d'Euphorbe et/ou de **Chelidoine** : appliquer sur les lésions 2 à 3 fois par jour. Cette pommade peut se trouver en pharmacie mais on se la procure généralement dans les magasins biologiques.
Pommade Aberel : appliquer sur les lésions 3 fois par jour.

• Des remèdes qui marchent

Appliquer **un morceau de craie ou de pomme de terre crue** sur la verrue.
Laisser macérer pendant 15 jours des tranches de **citron** dans du **cidre de pomme** additionné d'un peu de **sel**. Frottez ensuite les verrues avec les tranches de citron.

Et si c'était psy ?

La dimension psychologique des verrues est indéniable. C'est pourquoi les méthodes d'autosuggestion et autres placebos peuvent parfois donner d'excellents résultats.

Vers

Souvent, c'est le comportement de l'enfant qui fait soupçonner la présence de vers : il est très énervé, se plaint de maux de ventre et surtout de démangeaisons au niveau de l'anus et/ou de la vulve pour les petites filles. Il arrive que l'on voit les vers, qui ressemblent à des petits filaments blancs de 4-5 mm de long, sur l'anus de l'enfant. Mais le plus souvent, c'est le traitement lui-même, qui en faisant disparaître les symptômes, confirme le diagnostic a posteriori.

• Homéopathie

Cina 5 CH : l'infestation par les vers s'accompagne de divers symptômes : troubles du sommeil, agitation, perturbation de l'appétit, dents qui grincent la nuit, anus qui gratte... Lui donner 3 granules 3 fois par jour en lune montante pendant 3 semaines. Respecter 2 semaines d'arrêt puis faire à nouveau 3 semaines de traitement.

Vermifuge LHF® : lui donner 10 gouttes au réveil.

Vomissements

Ils se distinguent de la régurgitation car ils suivent un spasme digestif.

• Homéopathie

La posologie est de 2 granules 3 à 4 fois par jour.
Nux Vomica 5 CH : l'enfant a trop mangé, il fait une indigestion.
Silicea 9 CH : le nourrisson qui vomit est plutôt chétif.
Aethusa Cynapium 9 CH : le lait est immédiatement vomi, non caillé, dès la fin de la tétée. Les vomissements se poursuivent sous forme de caillots et le nourrisson a faim après les vomissements.

• Une tisane

La camomille se révèle particulièrement efficace contre les spasmes digestifs. Proposez à votre enfant une infusion faite de 5 têtes de fleurs de camomille par tasse d'eau bouillante.

• Des points à stimuler

Pétrir, à l'aide de l'index et du majeur, la jointure entre les doigts et la paume de la main gauche seulement. Pour renforcer l'énergie de l'estomac, frotter vigoureusement, à l'aide de la paume de la main ou de la pulpe des doigts, la zone située entre le nombril et le sternum.

• Ostéopathie

L'ostéopathie peut aider à la prise en charge de certains types de vomissements par son action de drainage sur le système neuro-végatif.

Mise en garde

Si les vomissements persistent au-delà de 24h de traitement ou s'ils s'associent à d'autres symptômes (fièvre, maux de tête, saignements de nez...), vous devez consulter votre médecin car ils peuvent traduire une maladie.